Ann-Kathrin Eckardt

FLUCHT UND SEGEN

Die ehrliche Bilanz
meiner Flüchtlingshilfe

Pantheon

Der Verlag weist ausdrücklich darauf hin, dass im Text enthaltene externe Links vom Verlag nur bis zum Zeitpunkt der Buchveröffentlichung eingesehen werden konnten. Auf spätere Veränderungen hat der Verlag keinerlei Einfluss. Eine Haftung des Verlags ist daher ausgeschlossen.

MIX
Papier aus verantwortungsvollen Quellen
FSC® C083411
FSC www.fsc.org

Verlagsgruppe Random House FSC® N001967

Erste Auflage
März 2017

Umschlaggestaltung: total italic, Thierry Wijnberg, Amsterdam/Berlin,
unter Verwendung einer Abbildung von © Shutterstock Images LLC
Porträtfoto: Thomas Dashuber, München
Gestaltung und Satz: Andrea Mogwitz/Pantheon
Gesetzt aus der Minion
Für die Darstellung der Emojis wurde die Schrift
»EmojiOne« verwendet, www.emojione.com, lizenziert unter
Creative Commons BY 4.0
Druck und Bindung: CPI books GmbH, Leck
Printed in Germany
ISBN 978-3-570-55351-0

www.pantheon-verlag.de

Dieses Buch ist auch als E-Book erhältlich.

Für Nadja und Hazal

INHALT

EINLEITUNG

Freitag, 22. Juli 2016

> Hallo Ann wie geht's diea alles klar
> 21:23

> Ich habe zu viel angst weiß du was passiert in München
> 21:24

> Ich habe alles Tür und Fenster zu gemacht
> 21:25

Als ich diese Whatsapp von Nadja erhalte, bin ich, wie so viele Menschen an diesem Abend, gerade auf der Flucht. Mit Mann und Kindern versuche ich, aus einem Schwabinger Hinterhof zu unserem Auto zu gelangen, das eine Straße weiter steht. Anders als so viele Menschen an diesem Abend fliehen wir allerdings nicht vor den »vermutlich drei bewaffneten Tätern«, die ein Riesenaufgebot der Münchner Polizei seit dreieinhalb Stunden jagt. Wir wollen nur von einem Grillfest nach Hause. Seit zwei Stunden will uns der Gastgeber nicht gehen lassen. Viel zu gefährlich! Wir müssen uns heimlich aus dem Hinterhof stehlen.

Es ist der Abend im Juli 2016, an dem sich nach einer Schießerei im Olympia-Einkaufszentrum die ganze Stadt, das ganze Land in Terrorlage wähnt. Es ist der Abend, der klarmacht, wie sehr der islamistische Terror unsere Wahrnehmung verändert hat, der Abend, der die Achillesferse unseres Landes offenbart.

Schweigend gehen mein Mann und ich die fünfhundert Meter zum Auto, jeder mit einem Kind auf dem Arm. Wir hasten nicht und gehen doch schneller als sonst. Ich bin kein ängstlicher Mensch, die unzähligen Nachrichten von Freunden, die sich in den vergangenen Stunden »in Sicherheit« gemeldet haben oder wissen wollten, ob man selbst in Sicherheit sei, habe ich noch ziemlich unbedacht beiseitegewischt. Doch auf dem Weg zum Auto beschleunigt sich auch mein Puls. Im Minutentakt rasen Polizeiautos und Krankenwagen an uns vorbei, über uns zieht ein Hubschrauber adlergleich seine Kreise. Auf den Kufen: Scharfschützen.

Selbst mit Kind auf dem Arm schaue ich ständig auf mein Handy. Ich kann, was Nadja nicht kann: mich informieren. Die Münchner Polizei twittert an diesem Abend unaufhörlich, bittet die Bevölkerung, zu Hause zu bleiben, informiert auf Deutsch, Englisch und Französisch. Nadjas Muttersprache ist Kurmandschi, eine der drei kurdischen Sprachen. Auf Twitter ist sie nicht. Für die *Tagesschau* ist ihr Deutsch zu schlecht. Und noch etwas unterscheidet uns in diesem Moment: Nadja ist Jesidin. Islamistische Terroristen haben bereits Tausende ihrer Landsleute misshandelt, vergewaltigt, getötet. Selbst Kinder haben sie vor den Augen ihrer Eltern zu Tode gefoltert. Nadjas Angst ist kein mulmiges Gefühl wie bei mir. Nadjas Angst hat einen realen Hintergrund. Ich versuche, sie zu beruhigen.

Ihr braucht keine Angst haben! Im Olympia-Einkaufszentrum wurde gegen 18 Uhr geschossen. 6 Tote. Die drei Täter sind auf der Flucht. Deshalb so viel Polizei … 21:30

Alles klar aber ich kann nicht am Nacht schlafen 21:37

Du brauchst wirklich keine Angst haben! In eurer Wohnung seid ihr in Sicherheit 22:24

Sicherheit – was für ein großes Wort in diesen Zeiten. Nadja und ihr Mann Jusuf haben schon einmal versucht, sich vor islamistischen Fanatikern in Sicherheit zu bringen. Sie haben dafür ihre Familien, ihr Dorf in Nordirak, ihr Land verlassen. Mitte zwanzig waren sie damals, frisch verheiratet. Sieben Jahre ist das her. Inzwischen haben sie zwei Töchter, einen Sohn und eine Patin – mich.

Am nächsten Morgen: Trauer im ganzen Land. Zehn Menschen sind gestorben, darunter der 18-jährige Täter. Er hat sich umgebracht. Aber auch: ein Anflug von Erleichterung. Es war »nur« ein Amoklauf, die Einzeltat eines gemobbten Schülers. Kein islamistischer Terror. Kein zweites Paris.

Und doch ändert sich etwas in diesen Juli-Tagen 2016. Der Amoklauf in München hat deutlich vor Augen geführt, wie angespannt die Nerven der Menschen sind. Viele Münchner glaubten in der Nacht des Amoklaufes auf einmal, Schüsse in ihrer Nähe gehört zu haben. Am Ende dieser Nacht hatte die Münchner Polizei nach Notrufen 67 Tatorte aufgenommen, 65 Schießereien und zwei Geiselnahmen. Alles Falschmeldungen – bis auf eine.

München ist nur eine von drei Schreckensmeldungen, die Deutschland innerhalb einer Woche erschüttern. Vier Tage zuvor hat ein unbegleiteter minderjähriger Flüchtling fünf Menschen in einem Regionalzug bei Würzburg mit einer Axt und einem Messer attackiert und eine Familie aus Hongkong teils schwer verletzt. Zwei Tage später wird ein abgelehnter syrischer Flüchtling bei einem Musikfestival im fränkischen Ansbach eine Splitterbombe zünden und 15 Personen verletzen. Der Täter selbst wird bei diesem Anschlag sterben. Und anders als den Amoklauf in München wird die Polizei die Taten in Ansbach und Würzburg später als »islamistisch motiviert« bezeichnen.

Verglichen mit Frankreich und Belgien kommt Deutschland in diesem Sommer 2016 zwar mit dem Schrecken davon. Doch die Anschläge haben klargemacht: Es kann überall passieren, nicht nur in den Großstädten, sondern auch auf dem Land. Und: Die Gefahr geht nicht nur von Selbstmordattentätern aus, die als Flüchtling getarnt die deutsche Grenze passieren. Mindestens ebenso gefährlich sind enttäuschte Flüchtlinge, die sich erst in Deutschland radikalisieren. Ähnlich wie nach den zahlreichen Übergriffen in der Silvesternacht in Köln und Stuttgart ist deutlich zu spüren: Angst und Misstrauen gegenüber Flüchtlingen nehmen zu. Es werden nicht die letzten Anschläge und Gewalttaten sein, die von Flüchtlingen verübt werden.

Ändern die Anschläge auch etwas an meinem Flüchtlingsengagement? Ich stelle mir diese Frage nicht selbst, es ist Susan Link, die Moderatorin des ARD-*Morgenmagazins*, die das ein paar Tage später von mir wissen will. Bevor mich die Redaktion des *Morgenmagazins* kontaktiert hat, war mir der Gedanke noch gar nicht in den Sinn gekommen. Dabei ist es nicht so, dass ich meine Flüchtlingshilfe noch nie infrage gestellt hätte. Mehr als einmal habe ich gedacht: Warum mache ist das eigentlich?

Ich weiß nicht mehr genau, wann der erste große Frust kam. Sicher aber weiß ich noch: Als Deutschland in den Spätsommermonaten 2015 sein zweites Sommermärchen erlebte; als an manchen Tagen 13 000 Flüchtlinge ins Land kamen und an den Bahnhöfen in München, Dortmund, Hamburg oder Frankfurt mit tosendem Applaus empfangen wurden; als mehr Menschen helfen wollten, als es überhaupt zu helfen gab, und halb Deutschland seinen Kleiderschrank ausmistete, war ich zwar voller Bewunderung für unser Land. Aber ich war nicht euphorisch. Nicht mehr.

In den ersten Monaten als Flüchtlingshelfer macht man nämlich einen ziemlich guten Deal. Man gibt: ein bisschen Zeit, ein wenig Geld, ein paar ausrangierte Klamotten. Man bekommt: Dankbarkeit, einen erweiterten Horizont und endlich wieder Platz im Kleiderschrank. Aber es bleibt nicht so. Irgendwann kommt bei fast allen – Flüchtlingen, Helfern, Behördenmitarbeitern – der Frust. Weil alles viel zu langsam geht. Weil die Bürokratie so viel Zeit und Nerven frisst (auch die der Behördenmitarbeiter). Weil nur die wenigsten Flüchtlinge ihre Familie nachholen können. Weil für manche Flüchtlinge vor dem ersten festen Job dann doch erst ein großer Fernseher hermuss. Und obwohl man als Helfer durchaus Etappensiege erreicht – eine neue Wohnung, einen Kindergartenplatz, einen Minijob –, wird schnell klar: Integration ist kein Sprint. Eher ein Ultra-Marathon mit dem Wunsch, auch einfach mal kurz stehen zu bleiben.

Als ich Nadja und Hazal – auch Hazal ist Jesidin, auch ihre Familie unterstütze ich – vor drei Jahren kennenlernte, war der ganz große Flüchtlingstreck noch ein winziger Punkt in weiter Ferne. Unter dem Brennglas der Medien schwoll er im

Sommer 2015 zu einem Strom, zu einer Welle, einer Flut an.* Um im Bild zu bleiben: Ich schwimme mit meinen Familien sozusagen etwas vor der großen Welle. Hazal, ihr Mann und die Kinder sind bereits eingebürgert. Nadjas Mann und ihre drei Kinder haben eine langfristige Aufenthaltserlaubnis. Nur Nadja noch nicht. Fast alle sprechen so gut Deutsch, dass ich mich mit ihnen unterhalten oder zumindest verständigen kann. Doch wie beim Schwimmen im Meer müssen auch wir immer wieder gegen den Rücksog der Wellen ankämpfen. Man könnte auch sagen: Wir gehen oft zwei Schritte vor und einen zurück. Als ich zum Beispiel Nadjas älteste Tochter

---

* Ich bin mir bewusst, dass »Flüchtlingswelle« ein umstrittenes Wort ist. Die neuen Medienmacher, ein Zusammenschluss von Journalisten mit Migrationshintergrund, kritisieren beispielsweise, das Wort vermittle das Bild eines Naturphänomens, das Deutschland überschwemme. Menschen und ihre Einzelschicksale würden durch solch eine Wortwahl zu einer anonymen, bedrohlichen Masse. Zudem werde suggeriert, die Politik sei einer Naturgewalt machtlos ausgesetzt. Sie weise damit den Schutzsuchenden selbst die Verantwortung für die Probleme bei ihrer Aufnahme in Deutschland zu. Ich verstehe die Argumentation, werde das Wort aber trotzdem verwenden (ebenso wie ich von der »Welle der Hilfsbereitschaft« sprechen werde), da ich das Bild der Welle dennoch zutreffend finde. Deutschland wurde ja tatsächlich kalt überrascht – auch wenn man die Welle längst am Horizont hätte erkennen können (oder müssen). Dasselbe gilt für die Begriffe »Flüchtling« oder »Migrationshintergrund«. Auch hier gibt es Einwände. »Flüchtling« sei ein zu passiver Begriff, »Migrationshintergrund« stigmatisierend, weil damit mittlerweile vor allem (muslimische) »Problemgruppen« assoziiert würden. Außerdem stelle der Begriff die ausländischen Wurzeln in den Hintergrund. Eine alternative Bezeichnung für Flüchtling ist »Geflüchteter«, für Menschen mit Migrationshintergrund »Menschen aus Einwandererfamilien«. Als Journalistin weiß ich, welche Wirkung Worte entfalten können, aber ich bin auch der Meinung, dass ein bisschen mehr Entspanntheit der Flüchtlingsdebatte guttun würde. Ständig das Gefühl zu haben, irgendetwas nicht mehr sagen zu dürfen, vergiftet jede Debatte.

Lana kennenlernte, war sie drei, ihr einziges deutsches Wort: »Schettaming«. Heute kann sie nicht nur ihr Lieblingstier richtig benennen, sondern bei unseren gemeinsamen Zoobesuchen auch fast alle anderen Tiere. Ihre Deutschfortschritte machen mich glücklich und zuversichtlich.

Zwei Tage nach dem Zoobesuch bekomme ich eine Whatsapp von Nadja: »Komme mit die Asaban«. Und ich denke mir: Müsste man nach sieben Jahren in Deutschland nicht wissen, wie man S-Bahn schreibt? Wieder einmal wird mir bewusst, wie weit ein Schulabschluss noch entfernt ist.

Die ernüchternden Momente habe ich lange für mich behalten. Im Bekannten- und Freundeskreis habe ich lieber von gemeinsamen Weihnachtsfeiern oder lustigen Missverständnissen erzählt. Ich wollte keine Vorurteile zementieren, keine Ängste schüren. Vielleicht habe ich aus Selbstschutz auch manchmal weggeschaut. Außerdem gilt wie bei den meisten Idealisten auch unter vielen Flüchtlingshelfern das ungeschriebene Gesetz: Man klagt nicht – höchstens mal über Wartezeiten beim Asylantrag oder unverständliche Behördenschreiben. Aber öffentlich Unverständnis oder gar Unmut über die eigenen Schützlinge äußern? Lieber nicht.

Genau das jedoch ist eines der Hauptprobleme in der Flüchtlingsdebatte: Sie wird bestimmt von Ängsten, und zwar auf beiden Seiten. Der Angst, politisch unkorrekt zu sein oder falsch verstanden zu werden, auf der einen Seite, und der Angst vor dem Untergang der abendländischen Kultur auf der anderen.

Auch ich habe lange überlegt, ob ich dieses Buch schreiben soll – und mich schließlich dafür entschieden. Weil Dinge nicht verschwinden, nur weil man sie verschweigt. Weil andere vielleicht aus meinen Fehlern lernen können. Weil wir weitermachen müssen – auch dann, wenn der Frust kommt. Wir Flüchtlingshelfer. Und wir Deutschen. Weil es zu Integration und Engagement einfach keine Alternative gibt. Davon bin ich nach den Anschlägen von Ansbach, Würzburg und Berlin mehr denn je überzeugt.

Genau deshalb schreibe ich dieses Buch. Ich werde darin über meine Erfahrungen mit meinen Flüchtlingsfamilien berichten, über Frust und Freude, über (Selbst-)Zweifel und Hoffnung. Ich schreibe es für alle ehrenamtlichen Flüchtlingshelfer und für alle, die in ihrem Alltag, im Job, in der Nachbarschaft oder im Verein auf Flüchtlinge treffen. Ich schreibe es aber auch für die Menschen, die bislang noch keine Gelegenheit, Zeit oder Lust hatten, einen Flüchtling kennenzulernen. Am Ende des Buches hat hoffentlich jeder das Gefühl, Nadjas und Hazals Familien persönlich zu kennen. Es sind, so viel sei schon verraten, trotz aller Probleme und Schwierigkeiten, die ich auf den folgenden Seiten schildern werde, tolle Familien, herzliche Eltern, fröhliche Kinder – bestens geeignet, um Berührungsängste abzubauen.

Damit ich in diesem Buch eine ehrliche (Zwischen-)Bilanz meiner Arbeit als Flüchtlingshelferin ziehen kann, ohne die Privatsphäre meiner Familien zu verletzten, gebe ich ihnen andere Namen. Auch ein paar Details habe ich zu ihrem Schutz verändert. Doch es wird in diesem Buch nicht nur um Nadja, Hazal und ihre Familien gehen. Auch Erlebnisse mit anderen Flüchtlingen, die ich zum Beispiel für Reportagen getroffen habe, werden mit einfließen, ebenso wie die Erwartungen und Erfahrungen anderer ehrenamtlicher Helfer aus ganz Deutschland. Damit auch sie frei erzählen können, nenne ich meist nur ihre Vornamen. Da ich ihre Aussagen und Erzählungen in diesem Buch nur stark verkürzt wiedergeben kann, habe ich mich meist auf die Probleme konzentriert. Was bei allen Protokollen dazugedacht werden muss, sind die Begeisterung und Freude, mit denen fast alle Helfer ihr Engagement betreiben.

Außerdem werde ich für dieses Buch hauptamtliche Flüchtlingshelfer, Wissenschaftler, Stadtplaner, Lehrer, Migranten und Flüchtlinge interviewen. Menschen, die gerade erst hier angekommen sind, ebenso wie solche, die schon länger bei uns leben. Ich möchte Antworten auf Fragen finden, die ich mir in den vergangenen drei Jahren oft gestellt habe:

Woher kommen die überzogenen Erwartungen der Flüchtlinge?
Woher unsere?
Wie vehement soll, muss, darf ich unsere Werte verteidigen?
Was sind überhaupt unsere Werte?
Wie kann ich Nadja und Hazal beim Deutsch- und Mathelernen helfen?
Wie viel Nähe tut einer Patenschaft gut?
Kann man sie auch wieder beenden?
Wenn ja, wie?
Und wann?
Wenn die Geflüchteten irgendwann integriert sind?
Was bedeutet Integration überhaupt?

Im Februar 2016 kam unser zweiter Sohn auf die Welt. Seit ich in Elternzeit bin, kann ich Nadja und Hazal endlich wieder öfter treffen – und auch ein paar Fortbildungen besuchen. Dafür hat mir bislang die Zeit gefehlt, und ehrlicherweise habe ich es auch nicht für notwendig erachtet. Doch inzwischen bin ich schon manches Mal an meine Grenzen gestoßen. Ich will mir deshalb Rat von Profis holen. Ich werde interkulturelle Trainings, Werte-Seminare und andere Vorträge zum Thema Flüchtlinge besuchen und mein eigenes Handeln, meine Erwartungen in einer Supervision hinterfragen.

Jedes der sieben Kapitel wird sich einem der großen Flüchtlings-Themenfelder widmen, den überzogenen Erwartungen, der Hilfe, dem Wohnen, Lernen, Arbeiten, der Frauen-Männer-Rolle und schließlich der Integration.

Doch zunächst haben Nadja und Hazal das Wort. Ich habe sie gebeten, sich selbst vorzustellen (und ihr Deutsch etwas geglättet). Ohne ihr Einverständnis könnte ich dieses Buch nicht schreiben. Ohne ihre Familien wäre ich um viele Erfahrungen ärmer. Ohne sie wäre mein Blick in die Zukunft sicherlich um einiges pessimistischer.

Nadja, 29: »Mein Vater hat immer gesagt: Entweder wir gehen zusammen, oder wir bleiben zusammen hier. Wir waren zehn Kinder zu Hause, sechs Jungs und vier Mädchen. Für Jesiden ist das eine kleine Familie. Ich bin in einem Dorf in der Nähe der nordirakischen Stadt Mossul aufgewachsen. Meine Familie hatte zwei Kühe, Schafe und viele Hühner. Wir waren nicht arm, aber auch nicht reich. In unserem Dorf haben nur Jesiden gewohnt, im Nachbardorf nur Christen. Wir haben uns gut mit ihnen verstanden. Mein Vater hatte auch einen Freund, der Christ war. Von ihm kommt auch mein Name.

Mit den Muslimen dagegen hatten wir schon immer Probleme. Sie sagen, wir Jesiden seien Teufelsanbeter. Schon bevor der IS bei uns eingefallen ist, haben sie uns schlecht behandelt. Wir durften zum Beispiel nur schlechte Arbeiten machen und mussten in der Schule Angst haben, entführt zu werden.

Vor etwa sieben Jahren, als die Islamisten immer stärker wurden, wurde es dann richtig gefährlich für uns. Aber um alle zusammen zu fliehen, fehlte uns das Geld. Außerdem habe ich mich ein Jahr zuvor in Jusuf verliebt. Zusammen mit seinem Bruder hatte er einen Gemüseladen direkt gegenüber vom Haus meines Opas. Jedes Mal, wenn ich meinen Opa besuchte, traf ich ihn. Öffentlich miteinander sprechen durften wir nicht. Aber auf einer Geburtstagsfeier seiner Schwester konnten wir einmal sehr lange miteinander reden. Wir wollten unbedingt heiraten. Das Problem war, dass ich eigentlich einen Cousin heiraten sollte – und dass Jusuf nicht genug Geld hatte, um das Brautgeld zu bezahlen, etwa dreitausend Dollar. Deshalb ist er nach Deutschland gegangen, um dort Geld zu verdienen. Sobald er genug beisammenhat, wollte er um meine Hand anhalten und zurückkommen.

Als er weg war, wurde die Situation für Jesiden im Irak immer kritischer. Jusuf traute sich nicht mehr zurück. Eines Abends kam seine Mutter zu uns und hat für ihn um meine Hand angehalten, mit einem goldenen Ring. Mein Vater wollte erst nicht zustimmen. Ihm gefiel vor allem nicht, dass ich dann als Einzige unserer Familie nach Deutschland gehen würde. Aber dann hat er zum Glück doch Ja gesagt. Seit August 2010 bin ich in München.

Das Erste, was mir hier aufgefallen ist, war, dass alles so grün ist. Und so ruhig. Und ein junges Pärchen, das im Zug saß und sich küsste. Ich sagte: »Jusuf, schau mal, da drüben!« Er lachte nur und sagte, das sei hier ganz normal. Das finde ich bis heute das Schönste an Deutschland: Dass hier jeder einfach machen kann, was er will, solange er niemanden stört. Ich kann hier einfach das Haus verlassen, ohne dass es jemanden interessiert, mit wem oder was ich anhabe. Bei uns im Irak wird alles genau von den Nachbarn, den Verwandten, der Familie beobachtet, kommentiert und weitererzählt. Wir haben ja auch viel mehr Zeit. Im Irak hat eigentlich jeder immer Zeit. Jeden Nachmittag habe ich mich mit meinen Freundinnen im Schatten der Bäume auf die Straße gesetzt, und wir haben gequatscht und gequatscht und gequatscht. Wenn wir jemanden besuchen, bleiben wir gleich den ganzen Tag, nicht nur ein paar Stunden, wie die Deutschen.

Was mir in Deutschland auch noch sehr gut gefällt, ist, dass alle gleich behandelt werden, egal ob Mann oder Frau, arm oder reich. Wenn ich zum Beispiel auf eine Behörde gehe und mich um 8 Uhr anstelle, dann komme ich auf jeden Fall vor dem dran, der erst um 9 Uhr kommt. Im Irak war das anders. Wenn man ein paar Geldscheine dabeihatte, dann kam man sofort dran. Auch Männer und Frauen waren nicht gleich. Wir Frauen durften zwar im Irak allein das Haus verlassen und ähnliche Klamotten tragen wie die Frauen hier. Aber wir durften keine Männer als Freunde haben, nicht mit ihnen arbeiten und nicht so lange in die Schule gehen wie die Jungs. Theoretisch zwar schon, aber meine Eltern konnten nicht für alle Kinder so lange Schulgeld bezahlen. Wir Mädchen haben deshalb nur die Grundschule besucht. Ich bin gern zur Schule gegangen. Ich habe schnell gelernt, kann Kurdisch und Arabisch lesen und schreiben. Und ich habe Computer geliebt. Als ich 18 Jahre alt war, habe ich meinen Vater so lange genervt, bis er mich bei einem Windows-Kurs angemeldet hat. Als erste Frau habe ich die Prüfung bestanden.

In Deutschland habe ich bis jetzt leider nur einen kurzen Deutschkurs besucht, denn bald nachdem ich hier war, kam unsere erste Tochter zur Welt. Zwei Jahre später die zweite. Wieder zwei Jahre später bekamen wir unser drittes Kind, zum Glück einen Sohn. Der Stammhalter ist bei uns Jesiden sehr wichtig. Aber wenn du einen Sohn hast, dann sagt die Familie zu Hause: Ein Sohn? Schön, aber du brauchst zwei, drei, vier! Sie verstehen nicht, dass man hier in kleinen Wohnungen lebt und viel arbeiten muss, um Geld zu verdienen.

Jetzt, da meine zweite Tochter in den Kindergarten geht, will ich endlich richtig Deutsch lernen. Wenn mein Deutsch gut genug ist, will ich Kinderpflegerin werden. Ich mag Kinder sehr. Außerdem arbeiten in dem Beruf vor allem Frauen. Für mich ist das wichtig, nicht weil ich nicht mit Männern zusammen arbeiten will oder es mein Mann mir nicht erlaubt, sondern weil Frauen in unserer Kultur einfach nicht mit fremden Männern zusammen arbeiten. Es gibt zu viele Cousins und Nachbarn aus unserem Dorf, die inzwischen auch in München leben. Sie würden schlecht über mich reden. Jusuf sagt zwar immer, ich soll mich um das Gerede der Leute nicht kümmern, aber ich kann das nicht einfach ignorieren.

Oft liege ich nachts wach und mache mir Sorgen. Zum Beispiel darüber, dass die radikalen Muslime jetzt auch nach Deutschland kommen oder dass wir es hier nicht schaffen, eine richtige Arbeit zu finden. Mein Mann macht zwar gerade seinen Führerschein und hat einen Minijob als Küchenhilfe in einem sehr schicken Restaurant, aber er spricht schlecht Deutsch, und wir haben beide keinen Schulabschluss. Außerdem habe ich als Einzige unserer Familie immer noch keinen Pass. Vor allem als mein Vater vor kurzem bei einem Unfall ums Leben gekommen ist, war es so schwer, nicht nach Hause fliegen zu können. Am Abend zuvor hatte er mir noch versprochen, dass wir uns jetzt endlich wiedersehen … Ich würde so gern meine Mutter besuchen! Ich habe sie seit sechs Jahren und zehn Monaten nicht mehr gesehen. Sie und einer meiner älteren Brüder sind die Einzigen unserer Familie, die noch im Irak sind. Meine Lieblingsschwester wohnt inzwischen mit ihren acht Kindern auch in Deutschland. Ihr Mann hat sie nachgeholt. Der Großteil der Familie aber lebt in den USA. Mein ältester Bruder hat dort für seine Familie sogar schon ein Haus und ein Auto gekauft. Das wäre auch Jusufs und mein Traum. Aber erst mal möchte ich meine Mutter wiedersehen.«

Hazal, 32: »Hier in Deutschland nennen mich alle Hazal, obwohl ich eigentlich Hazel heiße. Ein Beamter hat meinen Namen am Anfang falsch geschrieben. Jetzt heiße ich eben Hazal. Nur mein Mann nennt mich Hazel. Ich kannte ihn kaum, bevor ich nach Deutschland gekommen bin. Ich wusste nur: Ich wollte unbedingt einen Mann in Europa heiraten, raus aus dem Irak. Über meine Cousine, die schon in Deutschland gelebt hat, habe ich Jamil kennengelernt. Sie hat mir ein Foto von ihm geschickt und mir von ihm erzählt. Ich habe gesagt: Ja, der gefällt mir. Damals war ich 21. Ich hatte davor viele Heiratsangebote, aber ich wollte keinen der Männer. Mein Vater war schon ziemlich verzweifelt, aber er hat mich zum Glück nicht gezwungen.

Jamil und ich haben in Syrien geheiratet, dann bin ich versteckt in einem Lkw in München angekommen. Über Deutschland wusste ich bis dahin eigentlich gar nichts. Außer, dass es den Menschen dort gut geht. Jamil hat mir am Telefon zwar erzählt, dass er viel arbeiten muss, aber so stressig habe ich mir das Leben hier nicht vorgestellt. Mein Mann arbeitet fast Tag und Nacht. Unter der Woche als Paketbote bei DHL, am Wochenende bei einem Pizzaservice, und abends haben wir bis vor Kurzem noch den Kindergarten unserer Tochter zusammen geputzt, um Jamils Brautgeld für mich – zehntausend Euro – an meinen Vater abzubezahlen. Ich hatte auch noch einen anderen Putzjob, aber jetzt geht unsere Tochter in eine Ganztagsschule und unser Sohn in den Kindergarten. Ich kann endlich den Mittelschulabschluss machen. Hoffentlich schaffe ich es, ich habe Angst wegen Mathe, ich muss noch viel üben.

Bis vor Kurzem haben wir noch in einer kleinen Zweizimmerwohnung gewohnt. Meistens haben auch noch mein Schwiegervater und meine Schwägerin bei uns geschlafen, weil sie nicht in ihrer Asylunterkunft bleiben wollten. Über Jamils Arbeit haben wir jetzt eine Vierzimmerwohnung in München bekommen – für dieselbe Miete! Ich habe mich wahnsinnig gefreut, aber ich war auch traurig, weil wir in der alten Wohnung sehr nette Nachbarn hatten, die uns viel geholfen haben. Jetzt muss ich erst wieder neue Leute kennenlernen. Das ist gar nicht so einfach, weil viele Deutsche sehr verschlossen sind. Es ist schwierig, mit ihnen wirklich in Kontakt zu kommen und nicht nur über das Wetter zu reden. Im Irak schüttet man einander gleich sein Herz aus, redet auch mit Menschen, die man erst zum zweiten Mal sieht, über seine Sorgen, zum Beispiel über Probleme mit den Kindern oder Krankheiten in der Familie.

Aber auch wenn ich mir vieles leichter vorgestellt habe: Ich bin sehr froh, dass ich jetzt hier lebe. Das Beste ist die Freiheit – vor allem für uns Frauen. Meine Mutter zum Beispiel hat meinen Vater mit 13 Jahren geheiratet. Er war ziemlich reich, viel älter und hatte schon eine Frau. Mit ihr hatte er sechs Kinder. Doch die Mutter meines Vaters sagte irgendwann zu ihm: »Sohn, du bist reich, warum holst du dir nicht eine hübschere Frau?« Und dann hat sie meine Mutter für ihn ausgesucht. Meine Mutter hat noch mal zwölf Kinder mit ihm bekommen. Weil die erste Frau früh starb, musste sie auch noch deren Kinder mit aufziehen. Ich weiß nicht, wie sie das geschafft hat. 18 Kinder! Wahrscheinlich nur, weil im Irak auch immer viele Tanten, Schwestern und Omas im Haus sind, die helfen.

Meine größte Sorge ist meine Tochter. Obwohl sie erst sechs ist, habe ich Angst, dass sie sich in einen nicht-jesidischen Mann verliebt. Bei uns ist das streng verboten. Wir dürfen nur untereinander heiraten. Das Problem ist: Meine Tochter kennt unsere Religion ja kaum, es gibt in Deutschland nicht mal jesidische Gotteshäuser. Für sie wird unsere Religion später vermutlich keine große Rolle spielen. Wieso sollte sie sich dann an die Regeln dieser Religion halten?«

1 HELFEN

Parship für Paten – wie alles begann

»Wie wird man eigentlich Patin?«, fragt die Frau in der Maske des *Morgenmagazins*, bevor sie zum Föhn greift und versucht, einen Schweißfleck auf meiner Bluse wegzuföhnen. Ich war mal wieder viel zu spät aus dem Haus gekommen und musste verlorene Zeit auf dem Fahrrad reinholen. Ich überlege gerade noch, ob sie aus eigenem Interesse fragt oder nur einen Smalltalk beginnen will, ob ich also die Lang- oder die Kurzversion zum Besten geben soll, da schaltet sie den Föhn wieder aus und sagt: »Ich möchte auch gern helfen.«

Den Satz höre ich nicht zum ersten Mal, und doch bin ich jedes Mal aufs Neue auf seltsame Art und Weise gerührt. Woher kommt diese wahnsinnige Hilfsbereitschaft in unserem Land? Ich werde dieser Frage unbedingt nachgehen müssen. Später. Zuerst aber muss ich die Schalte im *Morgenmagazin* hinter mich bringen. Ich erzähle der Maskendame, einer Ungarin um die fünfzig, in groben Zügen, wie ich Patin wurde, und rate ihr, sich beim Patenprogramm der Stadt München zu melden. »Kann ich mir aussuchen, wem ich helfe?«, will sie wissen. Da erzähle ich ihr von der Liste.

Ich habe sie selbst erst durch Zufall entdeckt, als ich zum

ersten Mal eine der vielen Mails des Münchner Patennetzwerks bis nach unten gescrollt habe. Dort fand ich das Protokoll des letzten Patenabends. Nach Tagesordnungspunkten wie »Kinderschwimmkurs in den Sommerferien«, »Interkulturelle Grundlagenschulung im Herbst«, »Biergartenbesuch für Paten und Patinnen« und »Bußgelder als Fördermittel für den Verein« lautete der zwölfte und letzte Tagesordnungspunkt: »Neue Patenschaftsanfragen«. Darunter befand sich folgende Liste:

- Kosovarische Familie mit 3 Kindern (14 und 12 Jahre und Baby) sucht dringend Unterstützung bei Freizeitgestaltung v. a. mit den Kindern sowie Schuldenregulierung, Solln
- Somalische Mutter mit 6 Kindern (zwischen 10 und 21 Jahren) sucht Unterstützung bei Behördenangelegenheiten, Integration und Freizeitgestaltung, Pasing
- Junge alleinerziehende deutsche Mutter mit 10-monatigem Sohn sucht Unterstützung bei Wohnungssuche, im Alltag und Freizeitgestaltung, Kieferngarten/Freimann
- Albanisches Paar mit schwerbehindertem, sehr krankem 3jährigem Sohn sucht Unterstützung bei Freizeitgestaltung und Integration, Albanisch-Kenntnisse hilfreich, Obersendling/Forstenried
- Kosovarische Mutter mit 1,5jährigem Sohn sucht Unterstützung bei Behördengängen, Wohnungssuche und Freizeitgestaltung (Mann muss in Gemeinschaftsunterkunft leben, da sein Asylverfahren seit 3 Jahren läuft), Allach-Untermenzing
- Alleinerziehende somalische Mutter mit 7 Kindern (zwischen 5 und 17 Jahren) sucht Unterstützung bei behördlichen Angelegenheiten, Wohnungssuche, Integration und Freizeit, Neuhausen

- Afghanische Mutter mit 2 Söhnen (1 und 5 Jahre) sucht dringend weibliche Unterstützung bei behördlichen Angelegenheiten und bei ihrer Verselbstständigung; Vater der Kinder lebt wegen Meldungen der häuslichen Gewalt (bis dato nicht bestätigt) in anderer Pension, einfache Verständigung auf Deutsch möglich, Freimann
- Bulgarische Familie mit 3 Kindern (14 Jahre, 11 Jahre und 3 Monate) sucht Unterstützung bei Formularen, Freizeitgestaltung mit den Kindern, Wohnungssuche etc. Eltern sprechen wenig deutsch, Kinder gute Deutschkenntnisse, Bulgarisch- oder Türkischkenntnisse hilfreich, Denning
- Iranische junge Frau sucht weibliche Unterstützung bei Alltagsdingen (ordnen von Unterlagen, Motivation, etc.). Wunsch wäre Patin mit Hund, Forstenried

Die Liste ging noch eine Weile so weiter. Unten angekommen, studierte ich sie gleich noch mal von vorn. Ich kam mir vor, als hätte ich mich gerade bei Tinder oder Parship eingeloggt. Nur die Fotos fehlten. Und die Partnerwahl verlief etwas einseitiger. Wen hätte ich mir ausgesucht, wäre ich früher auf diese Liste gestoßen? Die somalische alleinerziehende Mutter mit den sieben Kindern? Das albanische Paar mit dem schwerbehinderten Sohn? Die junge Iranerin? In meinem Kopf begann ich sofort abzuwägen: Wer braucht am dringendsten Hilfe? Wer hat die besten Bleibechancen? Wer ist ein »richtiger« Flüchtling? Mit wem könnte ich wohl am besten? Wer wohnt in der Nähe? Nach einer Weile wurde mir bewusst: Meine einzige Entscheidungsbasis waren Vorurteile, aus deren Umklammerung ich mich gar nicht so leicht lösen konnte. Ziemlich sicher hätte ich mich deshalb nicht für die bulgarische Familie entschieden. Gut möglich auch, dass ich ganz gekniffen hätte. Zu kompliziert, zu schwierig, zu weit weg.

Überhaupt hatte ich eigentlich nie vor, Patin zu werden.

Mein erster Sohn ist gerade drei Monate alt, als ich ein lang gehegtes Vorhaben in die Tat umsetze: Ich möchte mich ehrenamtlich engagieren, etwas für die Gesellschaft tun, etwas von dem Glück zurückgeben, das ich bislang im Leben hatte. Wenn nicht in der Elternzeit, wann dann? Bis auf einen Babyschwimmkurs und einen Australien-Urlaub ist mein Kalender noch ziemlich leer. Nur am 31. Januar 2014 findet sich ein Eintrag: »Beratungsgespräch Freiwilligenagentur«, 11:30 Uhr bis 12:30 Uhr. Für jeden »Anbieter von Zeit und Hilfe« verspricht die Agentur Tatendrang auf der Webseite »die passende Aufgabe zu finden«. Basketball mit Behinderten, Vorlesen im Altenheim, Theaterbesuche mit sozial Benachteiligten – wer sich engagieren will, kann aus 230 Kooperationspartnern und Tätigkeiten wählen, wie in einem gut sortierten Supermarkt.

Mein Sohn schlummert friedlich in der Babytrage an meiner Brust, als ich in einem Hinterhofgebäude im Münchner Lehel das Büro von Renate Volk betrete. Die 51-Jährige ist eine der beiden Leiterinnen der Agentur. In ihrem ersten Berufsleben hat sie mit ihrer eigenen Kommunikationsagentur große Unternehmen beraten. Jetzt berät sie Hilfswillige, Menschen wie mich. Was die »passende Aufgabe« für mich ist, weiß ich nicht. »Irgendwas mit Flüchtlingen«, antworte ich, als Volk mich fragt. (15 Jahre zuvor hatte ich bei der Studienberatung ähnlich vage »irgendwas mit Medien« als Berufswunsch angegeben.) »Und wie viele Stunden?« Kein Ahnung, der Kleine schläft stundenlang. Wenn ich 2014 etwas zur Genüge habe, dann ist es Zeit. Aber selbst als Anfängermutter weiß ich, dass das ziemlich sicher nicht so bleiben wird. Ich kalkuliere also konservativ: »Ein, zwei Stunden in der Woche.« Auch die Stadtteile, die für mein Engagement infrage kommen, schränke ich stark ein, ich möchte auch mit Baby noch hinradeln können. Ach ja, und der Kleine müsste auch mit … Renate Volk fragt noch weiter meine Vorlieben und Vorstellungen ab, dann beginnt sie, das riesige Angebot am Computer mithilfe einer Suchmaske zu filtern. Der einfachste Kunde im Supermarkt der Solidarität bin ich mit Baby wohl nicht. Aber schließlich wird Volk dann doch fündig. »Vielleicht wäre das etwas für Sie …«

Volks Fundstück ist das Gesuch eines Münchner Bildungslokals. Gesucht wird eine Frau, die ein Sprachcafé für Frauen leitet und Flüchtlinge und Migrantinnen in lockerem Rahmen beim Deutschlernen unterstützt. Jeden Dienstag eineinhalb Stunden. Die Frauen dürfen ihre Kinder mitbringen. Ich auch. Perfekt.

Zehn Tage später sitze ich kurz vor 9 Uhr im Bildungslokal Schwanthaler Höhe. Als wolle er mich bei meinem neuen Vorhaben unterstützen, ist mein Sohn auf der Fahrt eingeschlafen. Wer wohl gleich kommt? Nach und nach trudeln die Frauen ein, jung, alt, mit Kindern und ohne. Manche leben seit zehn Jahren in Deutschland, andere erst seit zehn Tagen. Manche gehen abends tanzen, andere nur einmal in der Woche aus dem Haus. Kurz: Zwischen den Frauen liegen Welten. Das ist einerseits schön (wo treffen Frauen mit so unterschiedlichen Hintergründen sonst schon aufeinander?), macht es für mich aber nicht leichter. Denn auch wenn der Rahmen locker ist – auf dem Tisch stehen Kaffee, Tee und Brez'n, unterm Tisch sabbern und krabbeln vier Babys und Kleinkinder –, ungezwungen plaudern geht mit fünf Wörtern Deutsch schlecht. Erwartungsvoll schauen die Frauen auf das leere Flipchart. Offenbar hat meine Vorgängerin dort immer etwas hingeschrieben. Nur was? Beim ersten Mal rette ich mich noch mit einer Vorstellungsrunde über die Hälfte der Zeit. Danach frage ich die Frauen, worüber wir heute sprechen sollen.

»Bei Arzt«, sagt die eine, »Supermarkt« die andere, der Rest schweigt, dafür schreit mein Sohn. Noch bevor ich für eine kurze Stillpause unterbrechen kann, wiegt eine der älteren Frauen Jonathan auf dem Arm. Dann also jetzt »bei Arzt«. Ich schreibe und male das Flipchart voll: Wartezimmer, Sprechstunde, Krankenkassen, Krankenkassenkarte, Überweisung, Schmerzen, Apotheke, Medikamente. Wo tut es weh? Nach jedem Wort nicken alle brav. Aber haben sie es wirklich verstanden? Keine Ahnung. Ich jedenfalls ahne nach den neunzig Minuten, warum Deutsch als Fremdsprache (DAF) ein eigenes Studienfach ist.

So geht das fortan immer dienstags. Fünf bis zehn Frauen kommen jede Woche. Mal erkläre ich das deutsche Kinderbetreuungssystem, mal den Ticketautomaten der Bahn, mal den Unterschied zwischen Spülung und Shampoo. Manchmal fahren wir auch »in die Stadt«, zum Viktualienmarkt – kaum eine der Frauen ist hier zuvor jemals gewesen – oder ins Stadtmuseum. Immer dabei ist mein Sohn. Über ihn fällt der Zugang zu den Frauen leicht. Ich bin auch eine Mutter mit kleinem Kind, das macht mich zu einer von ihnen, irgendwie. Nach eineinhalb Stunden Baby-ruhig-und-Unterrichthalten bin ich oft schweißgebadet. Aber stets radle ich mit dem befriedigenden Gefühl nach Hause, etwas Sinnvolles getan zu haben.

Es dauert nicht lange, bis mich die Frauen nach dem Café ansprechen. Ob ich nicht hier einen Brief erklären, da einen Deutschkurs oder eine Wohnung für sie suchen könne. Manche laden mich auch einfach nur so zu sich nach Hause ein. Am Anfang versuche ich, allen Frauen zu helfen, aber schnell wird mir klar: Das geht auf Dauer nicht. Viel zu zeitaufwendig. Bei manchen wüsste ich als Laie auch gar nicht, wo ich anfangen sollte: Sie wohnen in einem kleinen Pensionszimmer, sprechen kaum Deutsch, sind unzuverlässig, haben psychische Probleme, ihre Bleibechancen sind gering. Die Vielzahl ihrer Probleme überfordert mich. So altruistisch bin ich nicht. Ich möchte für meine Hilfe zwar kein Geld, aber schon irgendwann Fortschritte sehen. Also suche ich mir eine Frau aus, die mir besonders sympathisch ist und schon ziemlich gut Deutsch spricht: Nadja ist 26 Jahre alt, Jesidin aus dem Irak und Mutter von zwei kleinen Mädchen, drei und eins. Wenn sie lacht, und das tut sie oft, bilden sich Grübchen auf ihren Wangen. Sie lebt schon seit vier Jahren in München und ist nicht so schüchtern wie viele der Frauen, die gerade erst in Deutschland angekommen sind. Auch Nadjas Mann Jusuf lerne ich bald kennen. Oft ist er es, der zu Hause kocht, wenn ich nach dem Sprachcafé noch mit zu Nadja gehe, sie wohnt um die Ecke. Wie Nadja hat auch Jusuf im Irak nur die Grundschule besucht. Er spricht schlechter Deutsch als Nadja, lesen und schreiben kann er kaum, dafür hat er ebenso wie die Kinder einen blauen Flüchtlingspass. Eine Arbeit haben weder Nadja noch Jusuf, aber beide sagen: »Wir wollen arbeiten.« »Kein Problem, schaffen wir«, antworte ich und zögere keinen Moment, als mich Nadja nach ein paar Wochen fragt, ob ich offiziell ihre Patin werden will. Es gäbe da so ein Programm der Stadt. Ihr Cousin habe ihr davon erzählt.

Hazal lerne ich wenig später besser kennen. Auch sie kommt regelmäßig ins Sprachcafé. Auch sie ist Jesidin aus dem Irak und hat zwei kleine Kinder. Auch sie lebt bereits seit vier Jahren in Deutschland und spricht so gut Deutsch, dass ich mich mit ihr unterhalten kann. Auch sie hat zu Hause nur die Grundschule besucht. Jetzt will sie mit 29 einen Mittelschulabschluss nachholen. Sie fragt mich, ob ich mit ihr Mathe lernen könne. Ihr Wille imponiert mir. Ich sage Ja.

Der größte Unterschied zwischen den beiden Familien ist, dass Hazal und ihr Mann bereits stolze Selbstverdiener sind –

auch wenn das Geld immer knapp ist und die zwei Zimmer ihrer Wohnung viel zu klein sind. Hazals Mann arbeitet als Paketbote und am Wochenende bei einem Pizzaservice. Hazal putzt morgens in einem Einkaufszentrum, während die vierjährige Tochter im Kindergarten ist und die Schwägerin auf den einjährigen Sohn aufpasst. Nadja und Jusuf hingegen leben von Sozialhilfe. Manchmal hat Jusuf einen Minijob, die meiste Zeit jedoch ist er zu Hause.

Ich habe mir also sicher nicht die schwersten »Fälle« ausgesucht, aber auch nicht die leichtesten. Nach allem, was ich in den vergangenen drei Jahren erlebt, gesehen und gehört habe, würde ich sagen: Meine Familien sind ziemlich durchschnittlich.

Refugees Welcome – wie es zum Wunder von München kam

Im Herbst 2014 fange ich nach einem Jahr Elternzeit wieder an zu arbeiten. Schweren Herzens muss ich das Sprachcafé aufgeben. Nadjas und Hazals Familien sehe ich jetzt nur noch alle drei, vier Wochen. Für mehr reicht die Zeit neben Vollzeitjob und Familie nicht. Unser Kontakt läuft jetzt viel über Handynachrichten. Ich habe Nadja und Hazal Whatsapp auf ihren Smartphones installiert. So können sie Behördenbriefe fotografieren und mir schicken. Außerdem üben sie Schreiben und Lesen – ein guter Nebeneffekt und dringend notwendig, aber dazu später.

Dass Flüchtlinge bald das alles beherrschende Thema sein und unsere Gesellschaft spalten werden, ahne ich zu diesem

Zeitpunkt noch nicht. Vom Mittelmeer erreichen uns zwar auch jetzt schon regelmäßig Horrorbilder von gekenterten Booten und Meldungen von Hunderten toter Flüchtlinge, aber wirklich betroffen ist Deutschland nicht – weder faktisch noch emotional. Die Flüchtlingszahlen steigen, aber das tun sie seit 2009. Noch hält sich alles im Rahmen, zumindest in den meisten deutschen Städten. Ohnehin wird der Winter den Flüchtlingsstrom bald wieder einfrieren.

Doch wie auf jeden Winter folgt auch auf diesen ein neuer Frühling. Immer mehr Syrer sehen in ihrer Heimat inzwischen keine Überlebenschance mehr. Ihre Geldreserven gehen zur Neige, mit dem letzten Rest bezahlen sie ihre Flucht gen Norden. Die Zahl der Flüchtlinge auf der sogenannten Balkanroute steigt rasant.

Im Juni 2015 kündigt Ungarn an, die Grenze zu Serbien mit einem vier Meter hohen und 175 Kilometer langen Zaun zu schließen, um das illegale Einwandern von Flüchtlingen zu unterbinden. Mehr als 150 000 Flüchtlinge, viele davon Syrer, erreichen bis August Ungarn, dreimal so viele wie 2014. Etliche wollen von Serbien aus in das Land, bevor der ungarische Grenzzaun fertiggestellt ist. In Serbien gibt es aber nur einige Tausend Aufnahmeplätze für Flüchtlinge, die Zustände in den Lagern sind katastrophal.

Ende August 2015 gerät eine interne Anweisung des Deutschen Bundesamts für Migration und Flüchtlinge, kurz BAMF, an die Medien. Darin heißt es, syrische Flüchtlinge würden nicht mehr in andere EU-Staaten zurückgeschickt. Das BAMF bestätigt diese Meldung am 25. August auf Twitter mit folgendem Tweet: »Dublin-Verfahren syrischer Staatsangehöriger werden zum gegenwärtigen Zeitpunkt von uns weitestgehend faktisch nicht weiter verfolgt.« Vor allem Syrer versuchen nun, aus Ungarn über Österreich nach Deutschland zu gelangen.

Sechs Tage später, am 31. August, steigt Angela Merkel auf ihrer Sommerpressekonferenz gegen »Dunkeldeutschland« in den Ring. Beim Besuch einer Flüchtlingsunterkunft im sächsischen Heidenau hatten rechtsextreme Randalierer sie zuvor als »Schlampe« beschimpft und mit Steinen nach ihr geworfen. Ihre Antwort wird zum Glaubensbekenntnis der Flüchtlingskrise: »Ich sage ganz einfach: Deutschland ist ein starkes Land. Das Motiv, mit dem wir an diese Dinge herangehen, muss sein: Wir haben so vieles geschafft – wir schaffen das! Wir schaffen das, und dort, wo uns etwas im Wege steht, muss es überwunden werden, muss daran gearbeitet werden.«

Am selben Tag kommen erste Züge voller Flüchtlinge aus Österreich am Münchner Hauptbahnhof an. Es ist nach der Fußball-WM 2006 der Beginn eines zweiten Sommermärchens. Es sind Tage, die Geschichte schreiben werden. In seiner ein Jahr später erscheinenden Chronik »Das Märchen eines Sommers« erklärt der *Spiegel*, wie es zum Jubel in München kam:

> »Am Nachmittag dieses 31. August ploppt auf dem Handy von Vaniessa Rashid eine Mail auf. Ein befreundeter Grünen-Politiker aus Österreich schreibt, er sitze gerade mit vierhundert Flüchtlingen im Zug nach München, ob sie dort etwas machen könnte. Rashid, 25, aus dem Grünen-Ortsverband Ramersdorf-Perlach fährt zum Hauptbahnhof, ein paar Schülerinnen, die dem Facebook-Aufruf der Grünen gefolgt sind, warten schon. Zusammen bemalen sie mit Filzstiften die erste Pappe von Tausenden, die in den nächsten Wochen mit diesen zwei Worten in Deutschland beschriftet werden: Refugees Welcome.«

Die Bilder von Flüchtlingen mit Freudentränen und Münchnern mit Teddybären gehen um die Welt. Es sind Aufnahmen von einem Deutschland, die so gar nicht zu dem Bild passen wollen, das viele immer noch von Germany vor Augen haben. Deutschland strahlt als moralische Großmacht, als Land der offenen Herzen und Grenzen.

Doch nicht nur schöne Bilder prägen diese Tage. Im selben Land kommt es zu immer mehr Anschlägen auf Flüchtlingsunterkünfte. 2015 verzeichnet die Polizei mehr als achthundert Anschläge – viermal mehr als im Jahr zuvor. Und an der türkischen Küste wird die Leiche von Aylan Kurdi angeschwemmt. Der leblose Körper des syrischen Flüchtlingsjungen mit der kurzen roten Hose wird zum Symbolbild für die ganze Perversität der europäischen Flüchtlingspolitik, oder besser gesagt: die Abwesenheit einer europäischen Flüchtlingspolitik. Ein an der A4 abgestellter Lastwagen in Österreich offenbart die Skrupellosigkeit der Schlepper. Die Polizei findet darin Ende August 71 tote Flüchtlinge. 59 Männer, acht Frauen und vier Kinder sind in dem Lkw aus Ungarn erstickt.

Die Lage in Ungarn wird immer dramatischer. Der Bahnhof in Budapest wird für viele Flüchtlinge zur Sackgasse, denn die ungarische Regierung lässt sie nicht weiterreisen. Am Nachmittag des 3. September hat die Geduld der Flüchtlinge ein Ende. Mit ihrem »March of Hope« Richtung österreichische Grenze bringen Hunderte Flüchtlinge Merkel und ihren damaligen österreichischen Kollegen, Werner Faymann, in Bedrängnis. Die beiden haben nur wenige Stunden, um zu entscheiden: Öffnen sie die Grenzen ihrer Länder für Tausende in Ungarn festsitzende Flüchtlinge oder nicht? Nachdem Merkel Faymann schließlich versprochen hat, die Flüchtlinge nach Deutschland weiterreisen zu lassen, organisiert Österreich Busse, um die Flüchtlinge von der ungarischen Grenze zur deutschen zu bringen. Ohne bürokratische Hürden und Kontrollen dürfen die Flüchtlinge einreisen.

Viele zollen Merkels Entscheidung Respekt. Mit britischem Understatement schreibt der *Economist*: »bemerkenswert«. Auf Facebook toben die Fans: »Mama Merkel, Mutter der Ausgestoßenen«. Die *Washington Post* jubelt: »ein heller Fleck in einer trostlosen Landschaft«. Andere kritisieren, dass Merkel die Zuwanderung mit ihrer »Grenzöffnung« befeuert hätte. Ihre Selfies mit Flüchtlingen sind da nur noch das Tüpfelchen auf dem i. Der feine Riss, der durch die Gesellschaft geht, wird mit jedem Tag ein bisschen größer.

Zunächst in Bayern, dann auch in allen anderen Bundesländern füllt sich eine Turnhalle nach der anderen mit Flüchtlingen. Über Nacht stellen ehrenamtliche Helfer Feldbetten auf, verteilen Schlafsäcke und Isomatten. An manchen Tagen müssen 13 000 neue Flüchtlinge versorgt werden. Während der Staat und die EU ihre Überforderung zur Schau stellen, schleppen die Freiwilligen Wasserflaschen, kaufen Babynahrung, sortieren Klamotten oder nehmen mitten in der Nacht wildfremde Menschen bei sich auf. Manche opfern ihren Urlaub, andere ihren Schlaf. Allein in München helfen geschätzt siebentausend Menschen. Der Glücksrausch der guten Tat steckt an, erfasst mehr und mehr Bürger. Zuerst in München, Köln, Düsseldorf, dann in allen anderen Großstädten, Kreisstädten, Kleinstädten – als hätten viele jahrelang nur darauf gewartet, endlich helfen zu dürfen.

Auch Renate Volk und Ute Bujara, die beiden Leiterinnen von Tatendrang, schlafen wenig in diesen Tagen. Unaufhörlich klingelt das Telefon. Menschen wollen wissen, wo sie ihre Spenden hinbringen können, Journalisten wollen Interviews führen. »Diese Hilfsbereitschaft der Münchner live mitzuerleben war wie ein Kick. Das hat uns alle beflügelt«, sagt Renate

Volk ein Jahr später. Das Adrenalin trägt sie durch Sonderschichten, tagelang. Das kleine Hinterhofbüro von Tatendrang wird zu einem der wichtigsten Anlaufpunkte für Hilfswillige. Im Supermarkt der guten Taten wird nur noch eines nachgefragt: Flüchtlinge. Bei Info-Abenden nehmen Bujara und Volk die Freiwilligen in Massen auf. Ihre Hauptaufgabe besteht zeitweise darin, die willigen Helfer erst mal zu vertrösten, denn nicht nur Staat und Behörden, auch die großen Hilfsorganisationen sind mit den vielen Flüchtlingen überfordert, müssen riesige Berge an Sachspenden und sich selbst erst sortieren, bevor sie sagen können, wie viele freiwillige Helfer sie eigentlich brauchen. Laut einer repräsentativen Umfrage des Sozialwissenschaftlichen Instituts der Evangelischen Kirche engagiert sich im Dezember 2015 jeder zehnte Deutsche für Geflüchtete. Die meisten Helfer leisten Sachspenden, sortieren oder geben Lebensmittel und Kleidung aus, unterstützen ein Flüchtlingsheim in der Nähe oder bringen den Flüchtlingen Deutsch bei.

Nicht alle Helfer allerdings wollen wirklich den Flüchtlingen helfen. Manche misten auch einfach ihren Keller aus, bringen kaputte Weihnachtskugeln, Miniröcke oder alte Aquarien zu den Sammelstellen. »Es gab wirklich Menschen, die waren sich sicher, ein Aquarium helfe den Flüchtlingen, nach dem Motto: In dunklen Stunden haben mir meine Fische immer Trost gespendet«, erinnert sich Ute Bujara. Es ist viel Aktionismus dabei in den ersten Tagen nach der Ankunft der Tausende. Aktionismus ist die nervige Schwester von Tatendrang.

Nach und nach aber lichtet sich das Chaos. Kommunen stellen Ehrenamtskoordinatoren ein, Helferkreise bilden oder vergrößern sich, Leitfäden für ehrenamtliche Flüchtlingshelfer werden erstellt, Einführungsseminare in die Asylsozialpolitik angeboten. Viele zunächst informell gegründete Initiativen und Nachbarschaftskreise professionalisieren sich, werden zu Vereinen oder Organisationen. Auch die Helfer vom Münchner Hauptbahnhof gründen einen Verein: »Münchner Freiwillige – Wir helfen«.

Deutschland in der Helferrolle – die Gründe der Hilfsbereitschaft

Diese Tage im Spätsommer 2015 werden wohl einmal in die Geschichtsbücher eingehen. Ein wenig bereue ich heute, dass ich während der Ankunft der Tausende nicht wenigstens einmal zum Hauptbahnhof gefahren bin. Stattdessen verbrachte ich jede freie Minute am Telefon, um eine nervige Mietsache von Nadja und Jusuf zu regeln. Alle, die als Helfer dabei waren, bekommen jedenfalls heute noch Gänsehaut, wenn sie von damals erzählen. Aber wie kam es eigentlich zu diesem Mirakel des Mitgefühls? Warum waren ausgerechnet die Deutschen so offenherzig und hilfsbereit?

Wer nach Antworten sucht, stellt schnell fest: Den einen Grund gab es nicht. Es war eine Verkettung glücklicher Umstände. Oder unglücklicher Umstände, je nach Sichtweise. Denn manche sahen in den freiwilligen Helfern auch eine ernsthafte Bedrohung. Mit ihrer rosaroten Multikultibrille auf der Nase, so die Befürchtung von AfD und Co., verbreiteten die »Gutmenschen« ein romantisches Flüchtlingsbild, das selbst im entferntesten Flecken der Erde noch eine enorme Sogwirkung entfalte und immer noch mehr Flüchtlinge anlocke.

Warum also halfen (und helfen) die Deutschen so eifrig? So profan es klingen mag: zuallererst, weil die meisten Flüchtlinge nach Deutschland wollen und nicht nach Frankreich, Italien oder Österreich. Das war nicht immer so. Hassan Ali Djan, ein junger afghanischer Mann, der vor zehn Jahren als unbegleiteter minderjähriger Flüchtling nach Deutschland kam, erzählte mir einmal, es sei ihm damals völlig egal gewesen, in welches europäische Land er komme – nur bitte nicht nach Bulgarien oder nach »Alemania«, Deutschland. Andere Flüchtlinge in Griechenland hätten ihn gewarnt: In Bulgarien sei die Polizei besonders brutal, in Alemania dauere der Asylantrag ewig, und man dürfe sehr lange nicht arbeiten. Als der Lkw, in dessen Ersatzreifen Hassan sich seit Griechenland versteckt hatte, am Ziel ankam, kroch er halb verdurstet unter dem Lastwagen hervor. Die Polizei griff ihn auf. Er verstand nichts von dem, was sie ihm sagten – nur ein Wort: GERMANY. »Ich wollte in die Luft springen, so sehr habe ich mich gefreut, dass ich nicht in Alemania gelandet war, sondern offensichtlich in einem Land, das ich noch gar nicht kannte.« Ein Übersetzer zerstörte diese Freude wenig später.

Man muss kein Anhänger der AfD sein, um zu konstatieren: Zehn Jahre später sind solche Geschichten eine Seltenheit. Ein Großteil der Flüchtlinge will unbedingt und ausschließlich nach Alemania, ist überzeugt: Dort gibt es Arbeit, Wohnraum, ein besseres Leben. Griechenland, Serbien, Ungarn, Slowenien oder Österreich sind für sie nur Sprossen auf der Trittleiter zum Glück. Das spüren natürlich auch die Menschen in diesen Ländern. Das latente Gefühl, nur Mittel zum Zweck zu sein, lässt niemanden Teddybären schwenken.

Plötzlich das »Gelobte Land« zu sein, löst allein allerdings auch noch keine Welle der Hilfsbereitschaft aus. Das Ehrenamt muss zur Tradition eines Landes gehören. Ohne bereits bestehende Strukturen verhallt der Hilferuf im Nichts. In Deutschland hat das freiwillige Bürgerengagement, anders als in anderen europäischen Ländern, eine lange Geschichte und lässt sich im Grunde auf zwei Wurzeln zurückführen. Die erste reicht bis in die griechische Antike. Freie männliche Bürger hatten damals vor allem eines: viel Zeit. Die meisten produktiven Arbeiten wurden von Sklaven und Frauen verübt, die Männer hatten lediglich die Aufgabe, sich für das Gemeinwesen zu interessieren und sich für dessen Wohl zu engagieren. »Wer an den Dingen der Stadt keinen Anteil nimmt, ist kein stiller, sondern ein schlechter Bürger«, formulierte der Athener Staatsmann Perikles im fünften Jahrhundert vor Christus.

Die zweite Wurzel geht zurück auf die Bibel, genauer gesagt auf das Gebot der Nächstenliebe. Im Mittelalter wurden deshalb arme Menschen mit Almosen versorgt. Auch der als Ritterorden gegründete Johanniterorden sah es als eine seiner wichtigsten Aufgaben, den christlichen Glauben zu wahren und Notleidenden zu helfen.

Anfang des 19. Jahrhunderts schaffte es das Ehrenamt in Deutschland erstmals in einen Gesetzestext. Paragraph 191 der Preußischen Städteordnung von 1808 legte fest, dass die Bürger zur Übernahme öffentlicher Stadtämter verpflichtet werden konnten, ohne dafür einen Lohn zu erhalten. Statt Geld gab es Ehre.

Bald dehnte sich das Ehrenamt auch auf andere Bereiche aus, zum Beispiel auf den Sport. Mit Turnvater Jahn begann die Ära des Vereinswesens. Auch wohlhabende Bürger engagierten sich, vor allem Frauen – nicht ganz ohne Hintergedanken: Viele suchten ganz einfach Beschäftigung. Da sie nicht berufstätig sein durften, ergriffen sie die Chance, durch soziale Arbeit als Wohlfahrtspflegerinnen das Haus zu verlassen und ihre Tage zu füllen. Während des Ersten Weltkriegs etwa organisierten sie Suppenküchen oder Lazarette.

Heute engagieren sich mehr als dreißig Millionen Deutsche freiwillig in Sportvereinen, Elternbeiräten, Schulen, Flüchtlingsunterkünften, Kunstakademien, Altenheimen, Krankenhäusern, Naturschutzverbänden, Hospizen – die Liste ließe sich endlos fortsetzen. Für uns Deutsche gehört soziales Engagement zur Gesellschaft wie Uli Hoeneß zum FC Bayern. Auch für die, die sich selber nicht engagieren.

Das ist nicht selbstverständlich. Dass es auch Länder ohne soziales Engagement der Bürger gibt, darüber habe ich mir vor der Recherche für dieses Buch nie Gedanken gemacht. Doch das fehlende Wissen um ebendieses Engagement führt bisweilen zu skurrilen Szenen zwischen Flüchtlingen und ehrenamtlichen Helfern. Eine Ehrenamtskoordinatorin erzählte mir zum Beispiel diese Geschichte: Eine somalische Familie bekam vor ein paar Jahren eine Patin vermittelt. In regelmäßigen Abständen kam die Patin bei der Familie vorbei, stets allein. Es entwickelte sich ein gutes Verhältnis. Nach fünf Jahren gestand die somalische Mutter der Patin: »Am Anfang dachte ich, *wir* sollen uns um *dich* kümmern, weil du immer so allein warst.«

Die Episode zeigt: In unterschiedlichen Kulturen wird unterschiedlich geholfen. In kollektivistischen Gesellschaften wie der somalischen ist die Großfamilie das wichtigste (und oft auch einzige) Auffangnetz in Notzeiten. Einen Sozialstaat oder bürgerschaftliches Engagement gibt es dort nicht. Dieser Unterschied erklärt übrigens auch das anfängliche Misstrauen vieler Flüchtlinge gegenüber den Ehrenamtlichen. Hassan Ali Djan, der einst so froh darüber war, in GERMANY gelandet zu sein, erzählte mir, er habe alle Menschen, die in den Anfangsmonaten auf ihn zukamen, für Vertreter des Staates gehalten. Entsprechend vorsichtig sei er gewesen, denn in Afghanistan führten Behördenvertreter selten Gutes im Schilde. »Dass jemand mir freiwillig hilft, ohne dafür etwas zu bekommen, konnte ich mir nicht vorstellen.«

In individualistischen Gesellschaften wie der unseren ist das Bild genau umgekehrt: Die (Groß-)Familie tritt in den Hintergrund, als Auffangnetz dienen in erster Linie der Sozialstaat und ehrenamtliche Helfer. Wie unerlässlich zum Beispiel die freiwilligen Flüchtlingshelfer für den Staat sind, zeigt eine Umfrage des Berliner Instituts für Demokratische Entwicklung und Soziale Integration. Demnach betrachten knapp neunzig Prozent der Verantwortlichen in Kommunen das freiwillige Engagement als wichtigste Ressource für die Bewältigung der Flüchtlingskrise.

Eben weil das bürgerschaftliche Engagement in Deutschland zu einer unerlässlichen Stütze geworden ist, fördert es der Staat auf verschiedene Weise, etwa durch steuerfreie Aufwandsentschädigungen (zum Beispiel die sogenannte Übungsleiterpauschale), kostenlose Unfall- und Haftpflichtversicherungen oder Entschädigungen im Verdienstausfall. Außerdem unterstützen der Staat beziehungsweise die Kommunen den Aufbau von Vermittlungsagenturen für freiwillige Helfer. München etwa investiert seit mehr als 35 Jahren in Ehrenamtskoordinatoren und -vermittler. Tatendrang war 1980 die erste Freiwilligenagentur Deutschlands. Inzwischen gibt es ähnliche Agenturen in der ganzen Republik – allein in der bayerischen Landeshauptstadt sind es acht. Das Ergebnis: eine sehr lebendige Engagement-Kultur in der Stadt.

All das zusammen hätte allerdings nicht so viele freiwillige Helfer aktiv werden lassen, wäre nicht Angela Merkel, sondern Horst Seehofer im Herbst 2015 Bundeskanzler gewesen. Merkels »Wir schaffen das« war auch deshalb so wichtig, weil sie damit eine politische Leitlinie vorgab, die, anders als in vielen der osteuropäischen Nachbarstaaten, die Opfer nicht zu Tätern machte. Bernd Ulrich, der Politikchef der *Zeit*, beschreibt den Unterschied zwischen Ungarn und Deutschland in seiner Jahresbilanz »Ein Jahr wie keines« so:

> »Um es aushalten zu können, dass zigtausend Kriegs- und Krisenopfer mit berittener Polizei über die grüne Wiese gescheucht werden und in Dutzenden Idomenis und Calais monatelang vor sich hin vegetieren, muss man ja einiges tun. Beispielsweise die Opfer zu Tätern umdefinieren, zu Invasoren, so wie es alle autoritären Parteien in Europa tun. Die Deutschen hätten sich ordentlich in Stimmung bringen müssen, von allein können die so etwas nicht mehr. Aber haben es die Ungarn nicht auch gekonnt? Ja, das haben sie, unter anderem indem die dortige Regierung syrische und irakische Bürgerkriegsflüchtlinge zu islamistischen Aggressoren umetikettierte. Darüber hinaus hatte Ungarn beim Projekt Selbstverhärtung gegenüber den Deutschen noch andere entscheidende Vorteile. Zum einen hält Viktor Orbán das Volk seit seinem Amtsantritt in latenter Dauermobilisierung, gewissermaßen wutbereit. Zum anderen kann sich Ungarn als Opfer der Geschichte fühlen, das nun erst mal genug gelitten hat. Dagegen das zum Bersten reiche und mächtige Deutschland in der Opferrolle – das will man sich lieber erst gar nicht vorstellen.«

Die Bundeskanzlerin war und ist mit ihrem Optimismus nicht allein. Viele prominente Sportler, Sänger, Schauspieler unterstützten sie in ihrem Kurs. Auch engagierte Lokalpolitiker trieben die Ehrenamtlichen in ihren Städten und Gemeinden zu Höchstleistungen an. Hinzu kam vor allem am Anfang der Reiz des Unmittelbaren. Am Münchner Bahnhof konnte jeder helfen, der gerade vorbeikam und, sozusagen ganz nebenbei, noch ein bildgewaltiges Zeichen gegen Rassismus setzen.

Getan haben das vor allem Frauen. Anders als normalerweise im Ehrenamt, wo sich etwas mehr Männer als Frauen engagieren, waren etwa drei Viertel der Flüchtlingshelfer Ende 2015 weiblich, bei den unter Fünfzigjährigen waren es sogar achtzig Prozent. Etwa die Hälfte der Flüchtlingshelfer war über fünfzig. Zu diesem Ergebnis kam eine Studie des Berliner Instituts für empirische Integrations- und Migrationsforschung. Auch zur Frage, wie viele Flüchtlingshelfer von damals ein gutes Jahr später noch aktiv sind, gibt es mehrere Studien. Alle kommen zu dem Ergebnis: viele – ohne allerdings konkrete Zahlen zu nennen. Fragt man Ende 2016 bei Wohlfahrtsverbänden oder Freiwilligenagenturen nach dem Grad des Engagements, so lautet die überwiegende Antwort: »Der große Ansturm hat sich gelegt, aber sehr viele Helfer sind dabeigeblieben.« Allerdings auch: »Wir können wieder neue Helfer gebrauchen.«

2 ERWARTEN

Pfefferspray und Terrorismus – die Befürchtungen der Deutschen

Eine halbe Stunde, höchstens eine Stunde, länger wird es nicht dauern. Wir wollen nur mal eben schnell zum Supermarkt. Aber genau das ist das Problem. »Nur mal eben schnell«, das geht hier offenbar nicht. Wir, mein Mann, die Jungs und ich, sind an der Costa Brava, Elternzeiturlaub. Mein Bruder und seine spanische Freundin sind zu Besuch. Eine Woche dürfen wir im Ferienhaus meines Patenonkels wohnen. Die ganze Küste nördlich von Barcelona ist voller solcher Häuschen, die sich an die bewaldeten Hänge schmiegen. Keine Bucht ohne »Urbanisation«. Keine Urbanisation ohne Ferienhaus. Kein Ferienhaus ohne Alarmanlage (oder zumindest eine Attrappe). Die Häuser – und sind sie auch noch so klein – sind offenbar nicht nur bei Urlaubern beliebt.

Für das Verlassen unseres Domizils gibt es deshalb eine genaue Gebrauchsanweisung. Man möge bitte: die Fensterläden in den Schlafzimmern schließen; den Fensterladen neben dem Kamin schließen und mit zwei Vorhängeschlössern sichern; das Gitter vor der Terrassentür schließen und abschließen; die Terrassentür abschließen; die Haustür schließen; jedes der drei Schlösser abschließen; das Eisengitter vor der Haustür abschließen; das Gartentor abschließen.

Ich frage Julia, die spanische Freundin meines Bruders, ob diese Wahnsinnseinbrecherangst nicht ziemlich übertrieben sei. Sie schüttelt den Kopf. »Also, *ich* würde alles abschließen.« Und dann sagt sie nach einer kurzen Pause noch: »Bei euch wird sich das auch bald ändern, mit den ganzen Flüchtlingen.« Auf meinen erstaunten Blick, so etwas aus ihrem Mund zu hören, schiebt sie hinterher, dass Spanien die große Flüchtlingswelle ja schon hinter sich habe. Weil die Flüchtlinge lange nicht hätten arbeiten dürfen und der ganze Papierkram ewig gedauert habe, seien viele kriminell geworden. Inzwischen habe man die Grenzen dichtgemacht. Später werde ich lesen, dass Spanien allein in den vergangenen fünf Jahren 250 Millionen Euro für die Grenzsicherung ausgegeben hat. Auch Marokko erhielt mehrere Zehntausend Millionen Euro EU-Gelder, um die Grenzen zu sichern. An jeder noch so kleinen marokkanischen Bucht verhindern Militärposten das Auslaufen von Booten. Das Flüchtlingswerk der Vereinten Nationen registrierte von Januar bis Juni 2016 nur 920 neue Immigranten in ganz Spanien. Zum Vergleich: Italien zählte im selben Zeitraum 54 000, Griechenland 48 000 Flüchtlinge. Ich murmle etwas von schonnichtsoschlimmwerden und schließe doch wenigstens ein paar der vielen Schlösser ab.

Unser Gespräch beschäftigt mich. Weil Julia alles andere als fremdenfeindlich oder konservativ ist. Weil die Angst vor mehr Kriminalität auch in Deutschland nicht erst seit der Silvesternacht in Köln gestiegen ist. Laut einer Allensbach-Umfrage fürchteten im Januar 2015 noch sechzig Prozent der Befragten die Zunahme von Kriminalität. Ein Jahr später waren es bereits 82 Prozent. Es sind also nicht nur Pegida- oder AfD-Anhänger, die sich sorgen. Sogar Migranten und Flüchtlinge sind verunsichert. »Ich verstehe nicht, dass ihr mich einfach bei euch wohnen lasst, ohne genau zu wissen, wer ich eigentlich bin«, sagte zum Beispiel Samir, ein junger Afghane, zu seiner deutschen Gastmutter Susanne. In Afghanistan sei so etwas unvorstellbar. Kurz zuvor hatte ein Afghane, der ebenfalls bei einer Gastfamilie lebte, in Freiburg eine Frau vergewaltigt und getötet. Auch Nadja fürchtet, dass mit den Flüchtlingen genau die Terroristen ins Land kommen könnten, vor denen Jusuf und sie geflohen sind – wie die Anschläge in Berlin, Würzburg oder Ansbach gezeigt haben, leider nicht zu Unrecht.

Die Angst vor mehr Kriminalität ist nur eine von vielen antizipatorischen Erwartungen der Deutschen, wie die Flüchtlinge unser Land verändern werden. Der rechte Rand fürchtet die Islamisierung des Abendlandes. Der linke Rand träumt von einer farbenfrohen Multikulti-Gesellschaft nach kanadischem Vorbild (wobei das Wort »Multikulti« in der öffentlichen Debatte längst nur noch von rechts verwendet wird). In der Mitte schwant nicht wenigen eine Bevorzugung der Flüchtlinge. »Aha, für die Flüchtlinge ist auf einmal Geld da«, ist einer der Sätze, die Politiker in den vergangenen beiden Jahren am häufigsten zu hören bekamen. Besonders die unteren Einkommensschichten haben Angst, sich künftig den Wohnungs- und Arbeitsmarkt sowie die Sozialkassen mit Flüchtlingen teilen zu müssen.

Und natürlich haben wir neben solchen die Zukunft unseres Landes betreffenden Erwartungen auch noch die Erwartung, dass kriminelle Flüchtlinge abgeschoben werden und die Flüchtlinge sich anpassen (wie stark, wo genau und an wen eigentlich, darüber wird noch zu reden sein).

In Spanien, auf der Fahrt zum Supermarkt, denke ich zum ersten Mal ernsthaft darüber nach, ob sich mein Sicherheitsgefühl in Deutschland durch die Flüchtlinge verändert hat oder verändern wird. Ich fand die Pfefferspray-Diskussionen in den Talkshows bislang einfach nur unsäglich. Werde ich zu Hause in München auch in Zukunft noch die Balkontür auflassen können, wenn ich schnell zum Einkaufen gehe, obwohl unser Balkon über eine Treppe vom Innenhof aus erreichbar ist? Werde ich weiterhin im Dunkeln an der Isar joggen können, ohne Pfefferspray? Vor allem aber beschäftigt mich unser Gespräch, weil ich weiß: Ganz unrecht hat Julia nicht. Die meisten Flüchtlinge müssen regelmäßig Geld nach Hause schicken, manche mehr, andere weniger. Dürfen oder können sie das Geld über einen längeren Zeitraum nicht legal verdienen, besteht tatsächlich die Gefahr, dass sie kriminell werden. Natürlich gibt es auch Menschen, die mit dem Vorsatz nach Deutschland kommen, hier krumme Dinger zu drehen. Aber die meine ich nicht. Ich meine Flüchtlinge wie Antony.

Ihm bin ich etwa ein halbes Jahr vor unserem Spanienurlaub begegnet. Ich besuchte ihn in Freiburg, um eine Reportage über ihn zu schreiben. Antony war 28 Jahre alt und aus dem Togo illegal eingereist. In Deutschland hatte er sich vorbildlich integriert. Er hatte die mittlere Reife gemacht und einen Ausbildungsplatz als Rollladenbauer sicher. Diesen konnte er allerdings nicht antreten, weil sein Asylantrag abgelehnt worden war. Antony sollte Deutschland verlassen, und zwar sofort. Hinzu kam, dass er nach der illegalen Einreise mit einem falschen Pass noch einmal straffällig geworden war. Die Sache war ihm äußerst unangenehm, beim ersten Treffen verschwieg er sie. Erst beim zweiten Treffen erzählte er mir die ganze Geschichte, die man glauben konnte oder auch nicht: Der Onkel in Togo habe einen Unfall gehabt, ein Bein habe amputiert werden müssen, er habe dringend Geld gebraucht.

Der Familienspross in Europa wurde angerufen: »Kannst du 1500 Euro schicken? Schnell!«

Ersteweltfrage: »Warum sagt man da nicht einfach Nein?«

Dritteweltantwort: »Weil der Onkel dann sagt: Du lügst. Wenn du kein Geld hast, was machst du dann in Europa?«

Antony brauchte also dringend Geld. Nur woher nehmen? Arbeiten durfte er als Geduldeter damals noch nicht. Schwarzzuarbeiten traute er sich nicht. Wenn er Glück hatte, fand er einen netten Deutschen, der ihm seine monatliche elektronische Sachleistungskarte gegen Bargeld eintauschte. Die Karte, mit der die Flüchtlinge bei Penny, Real und C&A alles außer Alkohol und Zigaretten einkaufen konnten, war 217 Euro wert. Außerdem erhielt er 137 Euro in bar, macht 354 Euro – für 1500 Euro müsste er also fünf Monate sparen, mindestens. Denn irgendwas musste er ja auch essen. Und schwarzfahren wollte er auch nicht riskieren.

Da kam ihm das Angebot eines Heimbewohners gerade recht: Wenn du mit meiner EC-Karte zweitausend Euro von meinem Konto abhebst, bekommst du fünfhundert Euro. Fünfhundert Euro nur fürs Geldabheben? Irgendwas konnte da nicht ganz stimmen. Egal, Antony brauchte das Geld. Und was sollte beim Geldabheben schon groß passieren?

Natürlich war der Typ ein Betrüger. Auf der Kamera des Geldautomaten war später nicht er, sondern Antony zu sehen. Neunhundert Euro Strafe. Zwei Wochen U-Haft. Antony war jetzt nicht nur ein abgelehnter, sondern auch noch ein abgelehnter krimineller Flüchtling. Ein abgelehnter krimineller Wirtschaftsflüchtling. Einer – da wären sich sogar die Talkgäste bei Maybrit Illner ausnahmsweise einig gewesen –, der sofort das Land verlassen muss. Aber auch einer, der mit den grabschenden, stehlenden Männern aus Köln gar nichts gemein hat (außer, dass auch er aus Afrika kommt und sein

Glück in Deutschland sucht). Einer, der die mittlere Reife geschafft hat und gern Rollladenbauer werden würde. Einer, der in Deutschland gebraucht wird.

Antonys Geschichte hat mir damals gezeigt, wie schnell man zum kriminellen Flüchtling werden kann, wenn man nicht arbeiten darf. Sie hat mir auch vor Augen geführt, wie sehr ich die Dinge mit meinem Ersteweltblick betrachte. Dass Antony nicht Nein sagen kann, wenn er aufgefordert wird, Geld zu schicken, war mir vorher nicht bewusst.

Und noch etwas weiß ich seit dieser Geschichte: Wie unglaublich hoch der Aufwand – finanziell wie rechtlich – für eine einzige Abschiebung ist. Was unmittelbar zu der Frage führt: Ist dieser Aufwand wirklich gerechtfertigt? In Deutschland leben mehr als eine halbe Million abgelehnte Asylbewerber. Gut 150 000 hatten 2016 eine Duldung, also ein zumindest befristetes Aufenthaltsrecht. Gesundheitliche Probleme oder fehlende Papiere können Gründe für eine vorübergehende Duldung sein. Häufig werden Flüchtlinge von ihrem Herkunftsland auch nicht mehr zurückgenommen, besonders bei den Maghreb-Staaten Tunesien, Algerien und Marokko ist das ein Problem. Der tunesische Berlin-Attentäter Anis Amri konnte – obwohl als Gefährder bekannt – deswegen nicht abgeschoben werden. Tatsächlich abgeschoben wurden 2016 nur knapp zwanzigtausend Menschen – weniger als vier Prozent aller abgelehnten Asylbewerber.

Sind die extrem aufwendigen und teuren Abschiebungen also überhaupt sinnvoll? Einerseits ja, denn sie dienen als Druckmittel (auch wenn Flüchtlinge aus näher gelegenen Ländern ihre Abschiebung oft als günstiges Heimaturlaubsticket nutzen und danach einfach wiederkommen). Vor allem aber sind sie unerlässlich, um Gefährder und Straftäter zurück in ihre Heimat zu schicken. Damit das besser gelingt, müssen

Prozesse optimiert und Rücknahme-Abkommen mit bestimmten Ländern geschlossen werden. Die Ausländerbehörden benötigen außerdem dringend mehr Personal. Problematisch ist allerdings: Abschiebungen sind oft menschliche Dramen. Familien werden auseinandergerissen, gut integrierte Menschen wieder nach Hause geschickt – in Heimatländer, die alles andere als sicher sind. Wäre der Rollladenbauer Antony wirklich eine Last für unsere Gesellschaft gewesen? Oder nicht doch eher ein Gewinn? Zum Glück gibt es inzwischen auch eine Duldung für Menschen, die eine Ausbildung machen. Eine Duldung für Menschen wie Antony.

Pünktlichkeit und Dankbarkeit – die falschen Erwartungen der Helfer

Bei vielen Deutschen, vor allem aber bei den Flüchtlingshelfern, kommt zur Vorstellung, wie die Flüchtlinge unser Land verändern werden, noch eine zweite normative Erwartungsebene hinzu. Wir stellen – bewusst oder unbewusst – bestimmte Forderungen an das Verhalten der Flüchtlinge: Wir erwarten, dass sie unsere Hilfe wertschätzen, dass sie sich anstrengen, dass sie ehrlich sind, zuverlässig, pünktlich, dankbar. Auch davon, wie die Behörden sich verhalten sollten, haben wir genaue Vorstellungen: Sie sollen schnell und effektiv arbeiten, kooperativ sein, nicht zu kleinlich, aber trotzdem gerecht, sie sollen unsere Arbeit wertschätzen und mit uns auf Augenhöhe kommunizieren.

Ich erinnere mich an einen Nachmittag im Winter 2014, kurz vor Weihnachten, es hatte frisch geschneit. Mit Mann,

Sohn und Schlitten war ich zum nächsten Hügel spaziert. Ebenfalls dabei: Nadja, ihre drei Kinder und ihr Mann. Die beiden Mädchen, damals drei und eineinhalb Jahre alt, tollten im Schnee herum wie übermütige Welpen. Sie zogen mit Jusuf den Schlitten den Hügel hoch und ließen sich unten, kurz vor den mit Strohballen umringten Bäumen, in den Schnee fallen. Noch mal, noch mal und noch mal.

Als wir unsere Füße kaum noch spürten, stapften wir zurück nach Hause. Wir wärmten uns bei Plätzchen und Tee, dann gab es Geschenke. Da saßen wir nun zusammen in unserem Wohnzimmer und feierten Weihnachten, Christen und Jesiden. Ein Jahr zuvor hatte ich von dieser Religion noch nie etwas gehört. Nadja und ihre Familie schenkten mir einen Jeansrock. Und das Gefühl, vielleicht zum ersten Mal im Leben etwas wirklich Sinnvolles zu tun. Genau so hatte ich mir die Arbeit als Flüchtlingshelferin vorgestellt, erfüllend und befriedigend.

Ich will kein Geld für die Zeit, die ich spende, aber natürlich erwarte ich etwas dafür. Ich will sehen, dass mein Handeln etwas bewirkt, etwa dass Nadja und Hazal eine Ausbildung machen und einen Job finden. Ich erwarte von ihnen, dass sie sich anstrengen. Ich erwarte, dass die Behörden und mein Mann mich unterstützen. Und selbstverständlich gehe ich davon aus, dass Nadjas und Hazals Familien meine Hilfe annehmen und dafür dankbar sind.

Inzwischen weiß ich: Viele meiner Erwartungen waren zu hoch gegriffen. Zwar bin ich in den vergangenen drei Jahren so gut bekocht worden wie seit meinem Auszug von zu Hause nicht mehr. An Dankbarkeit und Gastfreundschaft mangelt es sicherlich nicht. Mit Nadja und Hazal habe ich außerdem inzwischen ein sehr vertrauensvolles Verhältnis. Ich habe mit beiden Frauen viel gelacht und manchmal auch geweint. Doch ich habe es mir zum Beispiel nicht so schwierig vorgestellt, sie zu einem Schulabschluss zu begleiten.

Was ich inzwischen auch weiß: Vielen Helfern ergeht es ähnlich wie mir. Ich habe für dieses Buch gut dreißig Flüchtlingshelfer in ganz Deutschland interviewt. Hier ein kleines Mosaik aus ihren Erwartungen, Wünschen und der Realität.

Ina, 41, wissenschaftliche Mitarbeiterin aus Hamburg, flog in ihrem Urlaub nach Lesbos, um dort in einer Flüchtlingsunterkunft zu helfen. Zuvor kümmerte sie sich an der Uni um drei Flüchtlinge. »Mich hat die Anspruchshaltung vieler Flüchtlinge überrascht. Ich habe auf Lesbos in einer Kleiderkammer gearbeitet. Die Menschen, die dort ankamen, hatten gerade die lebensgefährliche Fahrt übers Mittelmeer überstanden. Doch anstatt sich über die Klamotten zu freuen, die wir ihnen gaben, beschimpften sie uns – vor allem die Frauen. Wir mussten wüste Streits schlichten, weil eine Frau einen braunen und keinen schwarzen Rock wollte. Weil der eine Mann bessere Schuhe erhalten hatte als der andere. Ich habe mir immer nur gedacht: Das kann doch nicht euer Ernst sein.«

Petra, 68, pensionierte Lehrerin aus Berlin, unterrichtet Deutsch in einem Flüchtlingsheim. Zuvor gab sie Deutschunterricht in einer Erstaufnahme. »Rückblickend muss ich sagen: Ich habe anfangs von meinen Deutschschülern zu viel erwartet. Als ich zusammen mit fünf anderen Ehrenamtlichen den Deutschunterricht in einer Erstaufnahmeeinrichtung übernommen habe, bin ich viel zu schulisch an die Sache ran und habe Flüchtlinge, die zum Teil in ihrer Sprache gar nicht lesen konnten, total überfordert. Gleichzeitig habe ich mich gewundert, warum sie nur so unregelmäßig kamen. Inzwischen habe ich gelernt: Wir müssen die Flüchtlinge da abholen, wo sie sind, und nicht dort, wo sie sein sollten. Außerdem habe ich alles viel zu sehr von meiner Warte aus gesehen. Seitdem ich mir dessen bewusst bin, tue ich mich leichter, ich nehme die Dinge gelassener. Das spüren auch meine Schüler im Flüchtlingsheim. Sie kommen gern in den Unterricht. Nach dem Frust am Anfang macht der Unterricht jetzt richtig Spaß.«

Jürgen Martin, 54, und Corinna Martin, 52, Verwaltungswissenschaftler aus Stockdorf, leiten den Helferkreis Starnberg. Beide engagieren sich mehr als zwanzig Stunden pro Woche in der Flüchtlingshilfe.

Corinna Martin: »In Stockdorf habe ich eine junge afghanische Familie betreut, die Eltern waren Analphabeten, die Kinder waren dementsprechend auch nicht so gut in der Schule. Ich wollte den Kindern Nachhilfe geben und habe mich sehr reingehängt. Aber schnell erkannte ich, dass die selbst gar nicht so da hinterher sind. Das war für mich die erste große Erkenntnis: Es lässt sich nicht jeder helfen, von dem wir meinen, er bräuchte Hilfe.«

Jürgen Martin: »Was mich wirklich überrascht hat, war, wie Flüchtlinge einfach hängen gelassen werden. Das Beispiel eines jungen Mannes, der jahrelang an vorderster Kriegsfront als Übersetzer für die amerikanische Armee gearbeitet hat, hat mich wirklich erschüttert. Er ist seit drei Jahren hier, ohne Frau und Kinder, die in Afghanistan bleiben mussten. Er hat in kürzester Zeit Deutsch gelernt und einen Spüljob im Hotel, ein toller, engagierter Mann. Gerade wurde er sogar fest angestellt. Aber er hat ewig einfach keinen Anhörungstermin für seinen Asylantrag erhalten. Zweieinhalb Jahre lang nicht! Dieses Versagen des BAMF ist beschämend für Deutschland. Warum funktioniert diese Behörde nicht? Sie lässt alle hängen: die Flüchtlinge, die freiwilligen Helfer, die Steuerzahler. Er hat schließlich eine Ablehnung erhalten, aber dagegen geklagt und subsidiären Schutz erhalten, darf also erst mal bleiben.«

Gerhard, 65, Apotheker aus Offenburg im Ruhestand, ist in seinem Helferkreis für die Wohnungssuche und -vermittlung zuständig und betreut einen syrischen Flüchtling, dessen Familie inzwischen nachziehen durfte. »Ich habe den Zeitaufwand unterschätzt. Als ich in Rente gegangen bin, wollte ich mich ein paar Stunden in der Woche für Flüchtlinge engagieren. Inzwischen arbeite ich genauso viel wie früher. Vielleicht sogar noch mehr. Denn auch im Urlaub muss ich manchmal Wohnungsbesichtigungen für Flüchtlinge organisieren – die Eigentümer warten ja nicht, bis ich zurück bin.«

Annabel, 35, Journalistin aus München, unterstützte zwei Jahre lang eine junge afghanische Frau, die mit ihren Eltern und drei behinderten Brüdern nach Deutschland geflüchtet war. »Ganz ehrlich: Ich habe von Mina schon etwas mehr Dankbarkeit erwartet. Als ich zum Beispiel mit meinem Freund zusammenzog, hatte ich viele Küchensachen doppelt. Ich schickte Mina eine lange Liste und schrieb: ›Könnt ihr davon etwas brauchen?‹ Sie schrieb zurück: ›Nehmen alles!!! :-)‹ Ein paar Tage später stand ich mit einer riesigen Kiste bei Mina vor der Tür. ›Schaut doch mal, was ihr brauchen könnt, den Rest nehme ich wieder mit.‹ Mina hat nur kurz hineingeschaut, ein, zwei Sachen rausgezogen und gemurmelt: ›Jaja, können wir brauchen.‹ Ich habe kein einziges Teil je in ihrem Haushalt wiedergesehen. Nicht die Pfannen, nicht die Bodum-Kanne, nicht die Saftgläser. Beim nächsten Treffen hat Mina mich gefragt, ob ich ihnen einen Gefallen tun könne. Bei Media Markt gebe es doch die Null-Prozent-Finanzierung. Sie dürften das nicht machen, aber ob ich nicht … Sie würden mir das Geld jeden Monat geben. Als ich gefragt habe, was der Kühlschrank denn kosten solle, war ihre Antwort: ›Tausend Euro. Er hat einen Eiswürfelspender und ein blaues Display außen.‹ Ich dachte an meinen eigenen schäbigen Kühlschrank, der keine fünfzig Euro mehr wert war. An die vielen Sachen, die die Familie dringender gebraucht hätte – Kleidung, Computer, Fahrräder –, vor allem dachte ich: Das darfst du keinem erzählen.«

Hansjörg, 70, pensionierter Schulleiter aus Berlin, ist Koordinator eines Helfernetzwerks in Reinickendorf.
»Ich hätte nicht gedacht, dass man bei manchen Behörden so eine hohe Frustrationsschwelle braucht – und so viel Fachwissen. Beim Jobcenter entstand bei mir der Eindruck, die Sachbearbeiter haben teilweise die Anweisung, zu sagen: ›Wir haben unser Kontingent an Wohnungen, die wir genehmigen können, schon übererfüllt.‹ Einmal hatten wir alle Unterlagen zusammen, auch das Angebot des Vermieters, wunderbar. Und dann schaute die Dame vom Jobcenter auf ihre Liste und sagte: ›Tja, tut mir leid, die Wohnung ist fünfzig Euro zu teuer.‹ Wäre die Familie allein dort gewesen, wäre sie einfach wieder weggeschickt worden. Aber ich kannte zum Glück die Zehn-Prozent-Spanne. Als ich fragte, ob die nicht ausgeschöpft werden könne, sagte die Sachbearbeiterin ganz dummfrech: ›Ach, Sie wissen davon. Dann müssen wir da anders vorgehen.‹ Schließlich hat die Familie die Wohnung doch bekommen.«

Lisa, 30, Studentin aus Berlin, ist Mutter von drei Jungs zwischen zwei und zehn. Während der Hochphase der Flüchtlingswelle wurde ihr Spielzimmer zum Flüchtlingszimmer. Insgesamt 16 Flüchtlinge fanden bei der Familie vorübergehend Unterschlupf. »Ich hätte nicht erwartet, dass ich so oft angelogen werde. Zum Beispiel wohnte sechs Wochen lang eine Afrikanerin, angeblich Eritreerin, bei uns. Sie hatte gerade ein Frühchen zur Welt gebracht, war psychisch labil und brauchte mit ihrem Baby Rund-um-die-Uhr-Betreuung. Sie sprach kein Wort Englisch – allerdings, wie sich herausstellte, auch kein Tigrina, also die Landessprache Eritreas, ihres angeblichen Heimatlandes. Einer anderen alleinstehenden syrischen Frau mit Drillingen half ich zusammen mit weiteren Frauen über ein halbes Jahr. Wir organisierten ihr eine Wohnung, richteten alles ein – bis irgendwann rauskam, dass der Bruder der Frau schon länger in derselben Stadt lebte. Wie viele Stunden wir Frauen allein in der Wohnung Möbel aufgebaut hatten! Da kommt man sich schon verarscht vor. Wenigstens konnte ich bei den beiden Frauen nachvollziehen, warum sie gelogen haben. Bei einer alleinstehenden Irakerin mit Zwillingen konnte ich das nicht. Ich half ihr bei Behördenangelegenheiten, ging für sie auch zum Lageso, um Geld für sie abzuholen. Ich nahm extra einen Freund mit, der sah, wie viel Geld mir ausbezahlt wurde. Wie ich irgendwann später erfuhr, erzählte die Mutter in ihrem Flüchtlingsheim, sie glaube, dass ich Geld unterschlage. Mir erzählte sie dagegen immer, dass sie im Heim schlecht behandelt werde, keine Milch und keine Windeln für die Zwillinge bekomme. Ich kaufte ihr also Milchpulver und Windeln. Dass sie einfach gelogen hatte, flog erst auf, als das Heim mich direkt kontaktierte. Das war echt hart. Ich habe mich nach diesen

Erfahrungen erst mal etwas zurückgezogen. Momentan helfe ich nur noch einer tollen syrischen Familie, der ich voll vertraue und die ich inzwischen zu meinen engsten Freunden zähle.«

Ines Kummer, 53, Stadträtin der Grünen in Freital, hat einen unbegleiteten minderjährigen Flüchtling aus Ghana als Pflegesohn bei sich aufgenommen. »Ich engagiere mich seit 2009 in der Flüchtlingshilfe. Die Entscheidung, Romeo als Pflegesohn aufzunehmen, habe ich 2014 sehr spontan aus dem Bauch heraus getroffen. Mir war durchaus bewusst, dass es Menschen gibt, die mich deswegen anfeinden werden. Aber dass es so schlimm wird, hätte ich nicht gedacht. Neulich war ich zum Beispiel auf einem Feuerwehrfest mit meinen Enkeln. Auf dem Fest und später noch mal an der Bushaltestelle wurde ich als ›Antifa-Schlampe‹ und ›altes Drecksvieh‹ beschimpft – vor den Enkelkindern. Die waren total verängstigt. Da ist mir schon das Herz in die Hose gerutscht. Das steckt mir immer noch in den Knochen. Auch Morddrohungen habe ich schon erhalten. Aber ich würde es trotzdem jederzeit wieder machen. Romeo ist ein festes Mitglied unserer Familie geworden. Er spricht sehr gut Deutsch, hat seinen Mittelschulabschluss gemacht und eine Lehre als Fachkraft für Lageristik begonnen. Leider wohnt er nicht mehr hier. Er ist in die Nähe von Münster gezogen, weil er es hier mit den ganzen Anfeindungen nicht mehr ausgehalten hat.«

Susanne, 49, Hausfrau und Mutter von vier Kindern zwischen acht und achtzehn aus München, nahm im Oktober 2015 Samir, einen zwanzigjährigen Flüchtling aus Afghanistan, bei sich auf. »›Ich habe vier Kinder, ich brauche kein fünftes‹ – das habe ich gesagt, als ich im Herbst 2015 ein freies Zimmer bei der Schlau-Schule gemeldet habe. Ich sagte, sie sollten mir jemanden schicken, der schon selbstständig sei, ich hätte nicht viel Zeit, mich zu kümmern. So kam Samir zu uns. Er hatte einen Hauptschulabschluss und gerade eine Lehre als Elektriker begonnen. Als er bei uns einzog, habe ich ihm gesagt, dass ich ihn nicht rausschmeißen werde. Das gilt immer noch, auch wenn wir schon ganz schöne Hochs und Tiefs erlebt haben. Unsere Telefonrechnung im Dezember betrug zum Beispiel auf einmal 180 Euro, im Januar sogar 380 Euro, normalerweise sind es um die 40 Euro. Mein Mann und ich haben Samir zur Rede gestellt. Er hat zugegeben, nach Afghanistan telefoniert zu haben. Einfach so drauflos. Es gab Tränen. Mein Mann war bereit, ihm das einmalig durchgehen zu lassen. Aber aus Stolz bestand er darauf, in drei Raten jeweils hundert Euro monatlich abzubezahlen. Obwohl wir ihm sagten, er solle doch erst einmal einen Finanzplan machen, ob er das überhaupt schafft, hat er darauf bestanden, die Raten so zu belassen. Natürlich konnte er die Raten so nicht abbezahlen. Stattdessen ging er uns aus dem Weg, kam kaum mehr zum gemeinsamen Essen, schämte sich. Wir sind auf das Geld nicht angewiesen. Aber ich hatte mit ihm eine klare Vereinbarung, dass er uns fragen muss, wenn er unser Telefon benutzen möchte. Dass er nicht ehrlich und offen kommuniziert und ich ihn nicht einschätzen kann, macht mir ein bisschen Angst. Und dafür schäme ich mich. Was sind schon ein paar läppische Euro gegen den Schmerz, von der eigenen Familie getrennt zu sein und auch ihr gegenüber in einem Lügenkonstrukt zu stecken? Die Familie hat hohe Erwartungen, die Samir nicht erfüllen kann – aber er traut sich nicht, das klar anzusprechen. Inzwischen ist er irgendwie doch ein fünftes Kind geworden.«

Wie ich haben viele der Helfer inzwischen erkannt: Wunsch und Wirklichkeit stimmen oft nicht überein, das gilt auch für die Flüchtlingsarbeit. Merkels Mantra würden die meisten zwar trotzdem noch unterschreiben, klar, wir schaffen das, aber haben wir uns *es* vielleicht zu einfach vorgestellt, die Integration von mehreren Hunderttausend Syrern, Afghanen, Eritreern, Irakern? Auf jeden Fall wird es in vielen Fällen wohl wesentlich länger dauern, als sich das so mancher in der anfänglichen Euphorie ausgemalt hat. Denn ein Großteil der Flüchtlinge kommt aus autoritären und patriarchalen Systemen mit starren Regeln und harten Strafen. Unseren konsensorientierten, partizipatorischen Stil müssen sie erst erlernen. Wir müssen ihnen klarmachen, dass sie eine Mitwirkungspflicht bei uns haben, dass auch sie der Staat sind.

Doch nicht nur wir hatten (und haben) falsche Erwartungen. Auch Nadja, Hazal und all die anderen Flüchtlinge sind mit überzogenen Vorstellungen im Gepäck nach Deutschland gekommen.

Profi-Fußballer und Haus mit Garten – die falschen Erwartungen der Flüchtlinge

Dezember 2009. Hazals Glieder schmerzen, die Luft ist stickig. Zusammen mit einer anderen Frau kauert sie in einem winzigen Kabuff hinter der Fahrerkabine eines Lkw. Doch der Gedanke an Europa, an Deutschland, an Jamil, den sie gerade erst in Syrien geheiratet hat, lässt sie alle Schmerzen vergessen. Als der ihr drei Tage später in München die Tür zu seiner Wohnung aufschließt, trifft Hazal der Schock. Statt in einem schönen Zuhause steht sie in einem kalten Kellerloch ohne richtige Heizung. »Ich hatte keine Ahnung, dass es in Deutschland so schwierig ist, Arbeit zu finden und sich eine Wohnung zu leisten«, sagt sie heute, wenn sie von damals erzählt.

Auch Nadja hat sich alles leichter vorgestellt, den Asylantrag, die Sprache, die Suche nach einem Job – und vor allem nach einer Wohnung. Als vor dem Wohnzimmerfenster ihrer Zweizimmerwohnung ein neues Haus gebaut wird, fragt sie mich, ob ich nicht mal bei der Nummer anrufen könne, die da auf dem Schild stehe. »Wo?«, frage ich. Es dauert, bis ich kapiere, dass sie gern eine der Neubauwohnungen gegenüber hätte.

Verglichen mit den Träumereien anderer Flüchtlinge waren sowohl Nadjas als auch Hazals Vorstellungen noch ziemlich bodenständig. Fragt man Flüchtlinge, was sie sich in Deutschland erwarten, hört man häufig dieselben Antworten: ein Haus mit Garten oder zumindest eine schöne Wohnung, ein eigenes Auto, einen gut bezahlten Job. Von Flüchtlingen in und um München auch oft gewünscht: Karten für ein Spiel des FC Bayern. Ihre Erwartungshaltung und ihre Vorstellung von Deutschland als Traumerfüllungswunderland sind oft ebenso überzogen wie falsch. Dabei entwickeln sich Sehnsüchte meist diametral zur Realität. Je aussichtsloser die eigene Lage, desto phantastischer die Träume. Auch wenn man außer Klischees und Stereotypen nichts über das andere Land weiß: Mit genug Fleiß und Willen werden sich die lang gehegten Lebensträume bestimmt realisieren lassen. Der Journalist Alfred Hackensberger, Nordafrika-Korrespondent der *Welt*, beschreibt in seinem Text »Der Tod als Waffe – Flüchtlinge und ihre Träume«, wie er in einem Camp in der marokkanischen Hafenstadt Tanger gleich mehrere junge Männer trifft, die davon überzeugt sind, dass in Europa die große Profi-Fußballerkarriere auf sie wartet. »Alle im Camp glauben, dass sie besondere Fähigkeiten haben, die in Europa gefragt seien. Angefangen bei den ›exzellenten‹ Fußballern, über die Studenten, die denken, sie seien ›überdurchschnittlich intelligent‹, bis hin zu den Handwerkern, die glauben, niemand könne so gut arbeiten wie sie. Alle verweisen auf das Fernsehen. Dort hätten sie gesehen, dass man sie braucht, dass jeder seine große Chance bekäme.«

Von schlechten Zukunftsperspektiven, so Hackensberger, wollten die Flüchtlinge nichts wissen. Alles nur Geschichten von Losern, von Verlierern. Jeder glaube, er mache es viel besser und habe mehr Glück als alle anderen. »Es ist immer das Gleiche, was ich von Flüchtlingen seit über 15 Jahren höre. Und es ist trotzdem immer wieder verblüffend – weniger ihr Traum von Europa, vielmehr die Vehemenz, mit der sie die Realität ausblenden.«

Wie kommt es, dass dieses Traumland Europa, vor allem Deutschland, in den Köpfen von Millionen Menschen so unzerstörbar ist? Es müsste sich doch inzwischen auch in Somalia, Syrien, Irak oder Afghanistan rumgesprochen haben, dass in Deutschland nicht nur Fußballprofis wohnen, dass auch in Schweden nicht für jeden ein Haus mit Garten bereitsteht. Eine Begründung liefert Hackensberger gleich selbst: Vielleicht müsse man die Realität ausblenden, um alle Strapazen durchhalten zu können.

Ein weiterer Grund ist: So gut wie kein Flüchtling schildert den Daheimgebliebenen die volle Wahrheit. Ein Kellerloch wird am Telefon zu einer großen Wohnung, der Hartz-IV-Satz zum selbst erarbeiteten Lohn, der Eintagesjob vom Arbeiterstrich zur unbefristeten Festanstellung. Warum? Weil kein Geflüchteter will, dass die Mutter am Telefon weint, weil alle danach streben, dass die ganze Familie stolz auf sie ist (und glaubt, sie könnten die achttausend Euro Schlepperschulden bald begleichen), oder weil – siehe Antony – die Verwandtschaft zu Hause die Wahrheit schlicht nicht glauben würde.

Drittens setzt der Es-müsste-sich-doch-rumgesprochen-haben-Gedanke voraus, dass die Flüchtlinge Zugang zu unzensierten Medien haben. Das jedoch ist in den Hauptherkunftsländern der Geflüchteten oft nicht der Fall. Ihre (geschönten) Informationen haben sie meistens von Freunden, Verwandten, Nachbarn, die bereits in Europa sind, oder von Schleppern, die den Flüchtlingen den gefährlichen Weg gen Norden schmackhaft machen wollen.

Viertens kehren viele der abgeschobenen Flüchtlinge nicht etwa in ihr Heimatdorf zurück und räumen dort mit den falschen Vorstellungen auf. Die Schmach wäre viel zu groß. Sie versuchen es lieber gleich noch einmal.

Die härteste Lektion für Flüchtlinge, die in Europa ankommen, lautet deshalb: Es gibt kein Schweden. Nicht mal in Schweden selbst.

Wenn Seifenblasen platzen – Ernüchterung auf beiden Seiten

Seit dem Sommermärchen 2006 kennen wir es alle, das Gefühl der kollektiven Euphorie. Es fühlt sich an wie ein Drogenrausch: Der Optimismus ist so grenzenlos wie der Horizont, Sorgen sind plötzlich in weiter Ferne, Fremde werden binnen Sekunden zu Freunden, Tränen der Rührung vermischen sich mit Tränen der Freude, das Leben pulsiert wie ein frisch verliebtes Herz. Im Spätsommer 2015 durften wir dieses Gefühl noch einmal erleben: Polizisten setzten Flüchtlingskindern ihre Mützen auf, afghanische Männer trugen deutsche Fußballtrikots, syrische Frauen weinten vor Glück. Und die Deutschen? Halfen wie die Weltmeister. Doch wie jeder Rausch, hat auch die Euphorie einen lästigen Nachfolger: die Ernüchterung.

Was passiert, wenn die Welt aus Watte futsch ist und die Erwartungsseifenblasen von Flüchtlingen und Deutschen ohne Puffer aufeinanderprallen, hat der Tübinger Bürgermeister Boris Palmer am 14. Juni 2016 auf seiner Facebook-Seite so beschrieben:

> »Ich habe eine aufwühlende Stunde in einer Flüchtlingsunterkunft hinter mir. Die Stadt hat dem Kreis vor einem halben Jahr die Shedhalle als Notunterkunft angeboten … Nun leben dort etwas mehr als hundert Menschen. Das entspricht dem von Grün-Rot geforderten Standard von sieben Quadratmetern pro Person, nicht den zulässigen viereinhalb Quadratmetern. Die Unzufriedenheit mit der Unterkunft ist aber in letzter Zeit laut formuliert worden. Als Vertreter des Eigentümers habe ich mir daher heute ein Bild gemacht.

Die Unterkunft hat alle Nachteile einer Hallenunterkunft. Es gibt keine Privatsphäre. Immer sechs Menschen, nach Möglichkeit jeweils eine Familie, teilen sich einen abgetrennten Bereich ohne Decke. Die Sanitäranlagen (Container) waren aber neu, ihre Zahl ist ausreichend, es gibt zwei Gemeinschaftsräume, ein Arztzimmer. Nicht schön, aber für die vorübergehende Unterkunft während des laufenden Asylverfahrens – anerkannt ist hier niemand – annehmbar … Kein Vergleich zur Unterbringung von fast vierhundert Personen in einer Turnhalle. Das hatten wir auch bis vor wenigen Wochen. Als ich die Halle betrete, kommen mir zunächst nur die Männer entgegen. Denen reiche ich die Hand. In der Halle erwartet mich eine Demonstration ausschließlich von Kindern. Sie alle halten Schilder hoch, die menschenunwürdige Zustände beklagen. Die Frauen sind so weit im Hintergrund und alle verschleiert, dass sich kein Kontakt ergibt. Ich lasse mir die Einrichtung zeigen, und dabei setzt sich der Tross von circa 25 Leuten lautstark in Bewegung. Es spricht niemand Deutsch oder Englisch. Als zwei Dolmetscher ihre Hilfe anbieten, kommt eine Diskussion zustande.
Der Tonfall ist empört, fordernd, fast schon aggressiv. Ich erkläre, dass ich verstehe, dass niemand so auf Dauer leben möchte, und wir nur um eines bitten: Zeit, die wir für die Lösung brauchen … Eine ältere Dame aus dem Unterstützerkreis sagt: ›Ich verstehe die Kritik nicht. Die Halle ist doch gut. Hier sind alle sicher.‹ Einer der Männer entgegnet auf dieses Argument: ›Lieber leben wir mit Bomben als hier.‹ Die Gruppe, die etwa ein Viertel der Flüchtlinge in der Halle ausmacht, stammt größtenteils aus Syrien und Afghanistan. Die Erwartungen sind

> offensichtlich fürchterlich enttäuscht, die Stimmung ist beängstigend bis depressiv … Ich kehre mit dem Bewusstsein zurück, dass wir weit mehr tun müssen, als wir bisher getan haben.«

Zusammengenommen bilden die beiden Seifenblasen und die darin enthaltenen Wünsche, Ängste und Sorgen das fragile Fundament der Flüchtlingsdebatte. Denn anders als etwa bei den Themen Rente oder Energiewende mangelt es beim Thema Flüchtlinge an verlässlichen Fakten und Zahlen. Fast jeder, der sich in solchen Debatten zu Wort meldet, hat irgendwie recht. Das Gefährliche an solch gefühligen Debatten ist: Erwartungen haben große Macht über den Menschen. Wer fest daran glaubt, den können auch Smarties heilen. Wer Angst vor kriminellen Flüchtlingen hat, der wird auch bald von ihnen umgeben sein – zumindest gefühlt. Dafür sorgt schon allein die selektive Mediennutzung, also die menschliche Angewohnheit, solche Medien zu bevorzugen, die der eigenen Meinung entsprechen, und andere zu meiden (oder die anderen als »Lügenpresse« zu beschimpfen). Diese Verhaltensweise machen sich auch die sozialen Netzwerke zunutze. Gefallen auf Facebook zum Beispiel vor allem Beiträge von Freunden, die der AfD nahestehen, werden fortan auch mehr Posts dieser Art angezeigt. Medien können bestehende Meinungen also verstärken, eine echte Meinungsveränderung allein durch ihre Berichterstattung bewirken sie hingegen selten.

Nun könnte man annehmen, dass die Flüchtlinge die Schweden-Lektion nach ein paar Wochen oder Monaten lernen und von da an realistischer durch ihr neues Leben gehen. Das ist aber nicht der Fall, zumindest nicht bei uns. Nadja und Jusuf wohnen zwar schon seit fast sieben Jahren in Deutschland, trotzdem erlebe ich noch Situationen wie diese: Etwa ein Jahr nachdem wir den Bewerbungsbogen für eine Sozialwohnung ausgefüllt haben, ziehen Nadja und ihre Familie das große Los: Die neue Eigentümerin ihrer Zweizimmerwohnung vermittelt ihnen eine Vierzimmersozialwohnung. Mit Aufzug und Balkon! Die Freude ist riesig. Einziger Wermutstropfen: Der Weg zu Kindergarten und Krippe dauert jetzt 45 Minuten mit dem Bus. Zwei Stunden sei sie morgens und am Nachmittag unterwegs, mit drei Kindern sei das extrem anstrengend, klagt Nadja. Ich kann sie gut verstehen, rede aber auf sie ein, dass sie die Kinder trotzdem auf keinen Fall rausnehmen darf, bevor wir nicht neue Plätze in der Nähe gefunden haben. Da verkündet sie mir ihre Idee: »Ich frage beim Jobcenter, ob wir nicht ein kleines Auto haben können!« Ich warte auf ein Lachen, weder sie noch Jusuf haben einen Führerschein, aber es ist kein Witz. Für Nadja ist es seit sieben Jahren ein abstrakter Staat, der Miete, Essen, Arzt und Kindergarten bezahlt. Warum sollte ihre Familie da nicht auch ein Auto bekommen?

Sicherlich hängt es auch von Alter, Bildungsgrad und Herkunftsland der Flüchtlinge ab, wie schnell sie verstehen, was ein Sozialstaat ist und wie er funktioniert. Natürlich habe auch ich versucht, ihnen das zu erklären, aber ich habe erst mal selbst zwei Jahre gebraucht, um zu begreifen, dass das Problem des deutschen Sozialstaats nicht nur Behördenbriefe sind, die sogar ich nicht verstehe. Sondern dass es für Menschen wie Nadja, die aus Ländern ohne jede staatliche Absicherung kommen, gar nicht so einfach ist zu realisieren, wie dieser Sozialstaat gedacht ist: als Unterstützung in Notzeiten, nicht als Hängematte. Das soll nicht heißen, dass Nadja und Jusuf nicht arbeiten wollen. Sie versichern es immer wieder, und ich glaube ihnen auch. Das Problem ist nur: Der Leidensdruck ist nicht wirklich hoch. Sie wohnen mit Sozialhilfe in einer Vierzimmerwohnung. Hazals Familie lebt ohne Sozialhilfe nur in einer Zweizimmerwohnung. Und: Sowohl Nadja als auch Jusuf sind nicht qualifiziert, haben ihre Jobansprüche aber noch nicht ganz der Realität angepasst. Als ich mit Jusuf eine Jobvermittlung für benachteiligte Menschen besuche und die Beraterin ihn fragt, welche Jobs für ihn infrage kämen, erklärt er ihr: »Nicht Küche und Spüler.« Lieber würde er als Hausmeister oder Fahrer arbeiten. Außerdem hätte er gern einen Vollzeitjob. Als wir wieder draußen sind, bin ich sauer. Noch einmal erkläre ich ihm, dass er sich nach oben arbeiten muss. Dass kein Mensch ihm, dem unqualifizierten, nur rudimentär Deutsch sprechenden Unbekannten, einfach so einen Vollzeitjob geben wird. Dass es erst mal wichtig ist, Kontakte zu knüpfen und zu zeigen, dass er gut arbeiten kann – auch in der Küche oder als Spüler.

Die Schweden-Lektion haben Nadja und Jusuf also auch nach sieben Jahren noch nicht voll verinnerlicht. Zur Wahrheit gehört an dieser Stelle aber auch, dass es Flüchtlinge gibt, die die Lektion gar nicht verstehen wollen, sondern Europa in der Bringschuld sehen. In ihren Augen ist Europa für ihre Misere verantwortlich. Sie akzeptieren nicht mehr, dazu verdammt zu sein, in Afrika oder Afghanistan zu leben, in Ländern, die ihnen keine Perspektive bieten. »Europa muss uns helfen«, sagen zwei der jungen Männer, die Alfred Hackensberger im Lager in Tanger interviewt. Mit ihrer Auswanderung wollen sie sich endlich das aneignen, was ihnen verwehrt wird – ein Stück vom Wohlstandskuchen. Denn, und das gehört ebenfalls zu Wahrheit: Wir haben den Wohlstandskuchen auch mit ihren Zutaten gebacken und jahrzehntelang alle Alarmsignale ignoriert.

Zu viel des Guten – die Fehler der Helfer

Irgendwann ist die kollektive Euphorie also weg, das Chaos legt sich, und mit etwas Abstand wird deutlich: Flüchtlinge sind nicht die besseren Menschen und Helfer keine Engel. Auch sie (und die Wohltätigkeitsorganisationen) machen Fehler. Bevor wir für unsere Patenschaften also weiter telefonieren, organisieren, finanzieren, ist es Zeit, uns zu fragen: Woher kommt der Frust, den wir neben der Freude inzwischen manchmal empfinden? Liegt es nur an den Flüchtlingen? An den Behörden? Oder vielleicht auch an uns selbst?

Zuständig für die Vermittlung zwischen Flüchtlingen und Helfern sind die Ehrenamtskoordinatoren. Sie sind der Puffer, wissen, wie die jeweils andere Seite tickt. Auch zwischen ehrenamtlichen und hauptberuflichen Helfern sind sie das Bindeglied. Wenn jemand Antworten auf diese Fragen hat, dann sie.

»Viele Helfer haben sicherlich gedacht, sie könnten schneller mehr erreichen«, sagt zum Beispiel Renate Volk von der Freiwilligenagentur Tatendrang. Aus eigener Erfahrung weiß sie: »Man fängt an und denkt, man macht das jetzt mal ein Jahr, und dann merkt man: Ein Jahr ist vorbei, und es gibt keine sichtbaren Erfolge. Aber was für Erfolge strebt man an? In vielen Fällen ist es schon ein Erfolg, sich im deutschen Supermarkt zurechtzufinden.« Außerdem seien die Erfahrungen, die viele Flüchtlinge gemacht hätten, für Helfer manchmal nur schwer auszuhalten. »Sie verstehen dann nicht, dass für die Flüchtlinge jetzt nicht alles gut ist, nur weil sie hier sind.« Ein ebenso häufiges Problem sei der Aktionismus, den viele Helfer an den Tag legten. »Viele stürzen sich da rein und finden sich plötzlich in der Rolle des hauptamtlichen Bezirkssozialarbeiters wieder.« Vor allem Menschen, die bis vor Kurzem noch gearbeitet hätten und jetzt ein Ehrenamt ausübten, falle der Rollenwechsel oft schwer, sagt Volk. »Sie legen noch diese Macher-Attitüde an den Tag, die das Arbeitsleben fordert. Wir sagen deshalb in der Beratung immer, dass das Ehrenamt nur eine Facette im Leben sein sollte, kein neuer Vollzeit-Job.« Auch Gabriele Atug-Schmitz, Koordinatorin des Erzbistums Köln für die Flüchtlingsarbeit in Rhein-Berg, sagt: »Das Helfersyndrom ist bei manchen Helfern recht ausgeprägt. Sie wollen unbedingt gebraucht werden.« Oft fehle es dann an der nötigen Distanz. »Ich hatte zum Beispiel eine ältere Frau, die von morgens bis abends bei einer Familie im Wohnzimmer saß und total fixiert war auf das Kind. Die Eltern hatten gar nichts mehr zu sagen. Da muss man dann natürlich einschreiten.«

Aya Weinert, Leiterin des Patenprojekts »Aktiv für Wohnungslose« der Stadt München, sieht ein weiteres Problem darin, dass die freiwilligen Helfer in der Regel davon ausgehen, dass ihre Bedürfnisse deckungsgleich mit denen der Flüchtlinge sind. »Wir denken immer, jeder will eine Ausbildung machen, aber das ist nicht so, manche wollen auch erst mal lieber arbeiten.« Sie rät ihren Paten, die Flüchtlinge in ihren eigenen Wünschen zu unterstützen. Wichtig sei das Bewusstsein, dass die Unterstützung als Hilfe zur Selbsthilfe gedacht ist. »Wir legen die Patenschaften deshalb inzwischen erst mal auf zwei Jahre an. Danach können alle Seiten schauen, ob die Patenschaft noch weiterlaufen soll.« In diesen zwei Jahren können die Paten kostenlos zum Beispiel interkulturelle Schulungen oder Supervisionen besuchen – verpflichtend ist die Teilnahme jedoch nicht. Die Einstiegsschwelle für Helfer soll so niedrig wie möglich bleiben. »Außerdem finde ich, gerade das Ungeschulte, Authentische ist ein Riesenpotential der Freiwilligen. Sie gehen anders ran als Sozialpädagogen oder andere professionelle Stellen«, sagt Weinert. Die Helfer sollten die Sozialpädagogen ja auch nicht ersetzen, sondern ergänzen.

Dass die hauptberuflichen Helfer manchmal gar nicht so begeistert von den freiwilligen Helfern sind, erfahre ich, als ich Gerlinde Wouters interviewe. Als Leiterin der Münchner Beratungsstelle für bürgerschaftliches Engagement ist Wouters eine Art Kummerkasten für alle Seiten. »Wenn jetzt noch ein Ehrenamtlicher zur Tür reinkommt, krieg ich einen Schreikrampf«, diesen Satz hat Wouters in den Hochzeiten der Flüchtlingskrise des Öfteren von Sozialarbeitern gehört. Denn anstatt um Flüchtlinge mussten sie sich in ihrer Arbeitszeit auch um Hilfswillige kümmern. Die wiederum waren brüskiert, wenn sie abgewiesen wurden. »Das Problem war und ist zum Teil immer noch, dass es zu wenig Ehrenamtskoordinatoren im Flüchtlingsbereich gibt«, sagt Wouters. Im Hospizbereich oder in der Altenpflege seien die Strukturen des freiwilligen Engagements schon viel besser – allerdings auch viel länger gewachsen.

Auch die sozialen Hilfsorganisationen sind nicht fehlerfrei. »Die Freiwilligen müssen genauer wissen, was ihre Rolle ist«, sagt Renate Volk von Tatendrang. Und von ebendieser Rolle hätten zu Beginn einige hauptamtliche Mitarbeiter von sozialen Trägern auch ganz falsche Vorstellungen gehabt. »Da dachten manche, die Ehrenamtlichen seien so was wie unbezahlte Praktikanten, denen man Ansagen machen kann wie: ›Sortier das jetzt mal von 9 bis 17 Uhr.‹« Einige Helfer schmissen deswegen frustriert wieder hin – nicht wegen der Flüchtlinge. Dieter Wenzlawski sagt, er verlor im Schnitt zwanzig Prozent seiner ehrenamtlichen Flüchtlingspaten nach kurzer Zeit wieder. Zwei Jahre lang war der pensionierte Sonderschullehrer freiwilliger Ehrenamtskoordinator bei einem großen Wohlfahrtsverband. »Die Willkommens-, Vorbereitungs- und

Belohnungskultur der sozialen Trägerschaften würde ich als eher bescheiden beschreiben«, kritisiert Wenzlawski. Zu wenige oder zu späte Elementarkurse für die Paten, zu wenig oder gar keine Supervision, zu willkürlich das Zusammenwürfeln der Paten mit den Flüchtlingen.

Ute Bujara, Volks Kollegin von Tatendrang, warnt noch vor einem ganz anderen Problem: »Wir dürfen vor lauter Flüchtlingen die anderen Schwachen in der Gesellschaft nicht vergessen. Wir haben auch viele Nachhilfeanfragen von deutschen Eltern, die kein Geld haben. Ganz schwierig gerade, etwas für die zu finden.« Trotzdem sei das Bürgerengagement für die Flüchtlinge unglaublich wichtig. Ute Bujara bringt es so auf den Punkt: »Der Wert an sich ist, dass da jemand aus der deutschen Gesellschaft sagt: Ich bin für dich da.«

3 WOHNEN

Vier-Zimmer-Flüche-Bad – eine missglückte Wohnungsübergabe

Ich öffne die Fotos im Mail-Anhang, und mein erster Gedanke ist: Kann nicht wahr sein. Ist gar nicht Nadjas Wohnung. Der Kühlschrank ist nicht geputzt, der Müll nicht geleert, auf dem Boden sind Bonbonpapier und Brotkrümel verstreut, in der mit weißen Farbresten verschmierten Badewanne liegt ein dreckiger Wischmopp, in einem Schränkchen stapeln sich Medikamente. Doch dann erkenne ich die Kacheln mit dem Pilzmuster in der Küche … Ich sitze im Büro, starre auf den Bildschirm, bis die hässlichen Fotos vor meinen Augen verschwimmen. Die Mail, die Bilder, sie stellen auf einmal alles infrage. Habe ich mich so in Nadja und Jusuf getäuscht? Ich konnte mich doch bislang immer auf sie verlassen. Sie waren zuverlässig, pünktlich. Sauberkeit war Nadja immer sehr wichtig. Und jetzt das. Müsste ich für die vergangenen drei Jahre eine Frustrationskurve zeichnen – dieser Moment wäre der Höhepunkt.

Dabei hatte die Vorgeschichte eigentlich Anlass zur Freude gegeben. Nadja und Jusuf hatten endlich eine größere Wohnung gefunden. Vier Zimmer, Küche, Bad, Toilette, Balkon,

Aufzug für 820 Euro – auf dem Münchner Wohnungsmarkt ein Sechser im Lotto. Die beiden hatten zusammen mit ihren drei Kindern seit knapp fünf Jahren in einer Zweizimmerwohnung im dritten Stock gewohnt. Nach oben führte nur eine steile, schmale Treppe – für eine fünfköpfige Familie war die Wohnung zu klein, die Treppe zu gefährlich. Ein Jahr zuvor hatten wir deshalb beim Wohnungsamt einen Antrag auf eine größere Sozialwohnung gestellt. Nadja und Jusuf bekamen die höchste Dringlichkeitsstufe, aber auch gleich den Rat der Sachbearbeiterin: »Machen Sie sich nicht zu viel Hoffnung.« Die Chancen lägen bei höchstens zehn Prozent.

Nach unserem Besuch beim Wohnungsamt passierte erst einmal lange nichts. Für eine umfangreichere Wohnungssuche fehlte mir die Zeit. Ich gab mit Nadja noch ein paar Bewerbungen direkt bei den städtischen Wohnungsbaugesellschaften ab, wir bekamen aber nie eine Rückmeldung – was auch kein Wunder ist, schaut man sich die Differenz zwischen den benötigten und den tatsächlich gebauten Wohnungen für München an. Das Institut der deutschen Wirtschaft rechnet diese Zahlen regelmäßig aus: In München werden jedes Jahr etwa dreitausend Wohnungen zu wenig gebaut, in Hamburg ebenfalls, in Berlin sind es sogar neuntausend zu wenig. Vor allem der soziale Wohnungsbau ist in Deutschland in den vergangenen Jahrzehnten stark zurückgegangen. Viele Städte und Gemeinden haben obendrein ihre eigenen Wohnungen in klammen Zeiten wie Tafelsilber verkauft. Gab es Ende der Achtzigerjahre noch knapp vier Millionen Sozialwohnungen in der alten Bundesrepublik, sind es heute in ganz Deutschland nur noch eineinhalb Millionen. Jahr für Jahr schrumpft die Zahl um weitere hunderttausend zusammen, weil Wohnungen, die ehemals mit staatlichen Geldern gefördert wurden und für 15 bis 25 Jahre an sozial schwache Menschen vermietet werden mussten, aus der Sozialbindung herausfallen und dann frei vermietet werden dürfen. Das rächt sich. Denn in die wenigen bezahlbaren Wohnungen drängen jetzt auch noch die Flüchtlinge. Oder ehemalige Flüchtlinge wie Nadja und Jusuf.

Etwa ein Jahr nach unserem Besuch beim Wohnungsamt wird die Zweizimmerwohnung von Nadja und Jusuf verkauft. Die neue Eigentümerin erweist sich jedoch als Glücksfall. Sie hat Kontakte zu einer städtischen Wohnungsbaugesellschaft. Plötzlich geht alles ganz schnell. Zwei Wochen später liegt der Mietvertrag für eine Vierzimmerwohnung im Briefkasten. Die Freude ist riesig, die Eile groß. Da ich während des Umzugs nicht in München bin, erkläre ich Nadja und Jusuf, was zu tun ist: Wohnung ausräumen, putzen, Übergabetermin vereinbaren.

Zwei Tage nach der Wohnungsübergabe rufe ich Nadja an. »Hat alles geklappt?« »Ja, alles gut«, sagt sie und schickt mir ein paar Fotos aus der neuen Wohnung: ein Stockbett mit rosa Hello-Kitty-Bezug im endlich vorhandenen Kinderzimmer, ein neuer Esstisch mit schicken schwarzen Stühlen im Flur, ein großes Eltern-Schlafzimmer, eine kleine Küche. Die Botschaft der Bilder: Das Leben in Deutschland kann beginnen! Ich freue mich mit ihnen und vor allem für die Kinder – bis ich wenig später einen Anruf der alten Vermieterin erhalte. Sie ist geschockt. Von geputzt könne nicht die Rede sein. Auch gestrichen sei die Wohnung nicht. 547 Euro will sie allein fürs Putzen, 3728 Euro für Schimmelbeseitigung, Malerkosten und Renovierung.

Ich rufe Nadja an. »Was war da los? Ich hab euch doch gesagt, was ihr beim Auszug machen müsst …« »Wir haben geputzt, Jusuf hat auch Wände weiß gemacht, alles war okay.« Die Fotos der Vermieterin mit dem vollen Müll und dem dreckigen Boden beweisen am nächsten Tag das Gegenteil. Ich schäme mich für meine Familie, die sonst doch nach jedem Essen zum Staubsauger greift, um alle Brösel sofort zu verbannen. Und ich schäme mich dafür, dass ich tatsächlich denke: »Oh Mann, typisch.«

Als ich Nadja die Fotos weiterleite, gesteht sie, dass sie mit den Kindern schon in der neuen Wohnung war und ihr Mann versprochen hatte zu putzen. »Hab schon mit Jusuf geschimpft«, sagt sie, und auch, dass sie die Medikamente brauche, die sie in der Wohnung vergessen habe. Ich bin sprachlos, stinksauer, enttäuscht, wütend auf Nadja und Jusuf, aber auch auf die Vermieterin, die versucht, Maler- und Renovierungskosten abzurechnen, die sie eigentlich selber zahlen müsste. Die Wohnung war nämlich auch vor Nadjas und Jusufs Einzug schon in einem desolaten Zustand (nur deswegen wurde sie ja an Migranten vermietet). Die nächsten Tage verbringe ich am Telefon, um wenigstens einen Teil der zweitausend Euro Kaution zu retten. Ich hole mir Rat beim Mieterbund, spreche mit der Vorbesitzerin der Wohnung und der aktuellen Eigentümerin. Schließlich einigen wir uns darauf, dass sie die Hälfte der Kaution zurückzahlt.

Als ich die Geschichte später in einem interkulturellen Seminar erzähle, als Beleg für Vorurteile, die ich trotz bester Vorsätze habe, erzählt eine Teilnehmerin, die als Mediatorin für Nachbarschaftskonflikte arbeitet, dass vor allem reiche Menschen ihre Wohnungen auch oft sehr schlimm hinterlassen. Im Nachhinein habe ich es Nadja und Jusuf vielleicht zu einfach gemacht, indem ich für sie die Kohlen aus dem Feuer beziehungsweise einen Teil der Kaution wieder herausgeholt habe. Andererseits macht es mich auch richtig wütend, wenn ich das Gefühl habe, dass die Unwissenheit der Flüchtlinge ausgenutzt wird. Und die überhöhte Abrechnung der Vermieterin sollte nicht der einzige Fall bleiben …

Das Wohnungswechseldrama ist nur eine von Dutzenden Geschichten zum Thema Wohnen und Flüchtlinge, die ich in den vergangenen drei Jahren entweder selbst erlebt oder von anderen Helfern gehört habe. Nachbarn, die über sich hinauswachsen, kommen darin ebenso vor wie 1500 Flüchtlinge in einem Wohnblock.

Bis Ende 2019, so schätzen Experten, werden bis zu eineinhalb Millionen Flüchtlinge ein Bleiberecht in Deutschland haben. Die Wohnungsnachfrage würde damit bis 2020 um 656 000 Wohnungen steigen. Kurz: Es müssen sehr schnell sehr viele Wohnungen gebaut werden. Die Flüchtlingswelle habe das Thema Wohnen, so Angela Merkel, zu »einer der brennenden Fragen der nächsten Jahre« gemacht. Ich würde sogar sagen: zu *der* brennenden Frage. Denn es geht nicht nur um die Grundsatzfragen, wo Flüchtlinge leben sollen und wie – auf dem Land oder in der Stadt, in eigenen Vierteln oder verstreut über das Stadtgebiet, in Containern oder richtigen Häusern. Es geht auch um deutsche Gepflogenheiten. Wie gut das Zusammenleben funktioniert, wird letztlich darüber entscheiden, wie gut die Integration funktioniert.

Heute Flüchtlingsheim, morgen Musikschule – die neue Art, langfristig zu denken

Ein Container, darin zwei Stockbetten (oder auch drei oder vier), ein Tisch, vier Stühle, vier Spinde, auf dem Gang mit etwas Glück eine dreckige Gemeinschaftsküche, ein versifftes Gemeinschaftsbad und oft ein Lärmpegel wie auf der Wiesn – als Journalistin habe ich einige Flüchtlingsunterkünfte von innen gesehen und war jedes Mal froh, wenn ich diese beklemmenden Orte wieder verlassen konnte. Jeder Quadratzentimeter diente scheinbar nur einem Zweck: der Abschreckung. Das hat sich inzwischen geändert. Zwar gibt es, anders als für Tiere, immer noch keine bundesweit einheitlichen Standards, was genau eine menschenwürdige Unterbringung ist (die Mindestwohn- und -schlaffläche pro Asylbewerber lag vor dem außergewöhnlichen Notstand ab Herbst 2015 je nach Bundesland bei sechs bis sieben Quadratmetern). Doch die oberste Maxime lautet heute vielerorts nicht mehr Abschreckung, sondern Integration. »Flüchtlingsarchitektur« – also Architektur, die eine erfolgreiche Integration fördert – ist nicht nur bei der Architektur Biennale 2016 in Venedig *das* Thema. Einen guten Einblick, wie zeitgemäße Flüchtlingsunterkünfte aussehen, liefert eine Online-Datenbank des Deutschen Architekturmuseums. Darin werden seit Oktober 2015 realisierte Bauten für Flüchtlinge und Migranten gesammelt. Was auffällt: Container findet man immer seltener. Dafür immer mehr Holz. Vor allem aber werden die meisten Unterkünfte heute nicht nur für fünf oder zehn Jahre gedacht, sondern so, dass die Unterbringung von Flüchtlingen nur ein Zwischenstadium ist. Mit wenig Aufwand können Innenwände entfernt oder versetzt werden. Außerdem entstehen die neuen »Feel-Home-Häuser« nicht mehr weitab vom Schuss, sondern vorzugsweise in kleineren Einheiten in der Stadt, im Dorf, gut angebunden an öffentliche Verkehrsmittel. Ziehen die Flüchtlinge irgendwann wieder aus, können die Gemeinden die Unterkünfte als Kindergärten, Studentenwohnheime, Ferienlager, Altenheime oder Sozialwohnungen nutzen.

All das bringt allerdings wenig, wenn die Flüchtlinge sich in den Heimen die Köpfe einschlagen. Und dass es häufig zu handfesten Streitereien kommt, wenn viele Menschen unterschiedlicher Nationalitäten und Religionen ohne Privatsphäre zusammenwohnen, war während der Notlage 2015/16 unübersehbar. Auch hierüber haben sich Architekten Gedanken gemacht. In der Online-Datenbank findet sich eine ganze Reihe von Lösungen. Statt über lange Gänge sind Wohnungen und Zimmer zum Beispiel über Treppen von außen erreichbar. Statt einfach hintereinanderzustehen, bilden die Häuser einen geschützten Innenhof. Unterschiedliche Kulturkreise lassen sich auf diese Weise räumlich trennen. Statt nur für klassische Kleinfamilien entsteht auch Wohnraum für Großfamilien. Statt Gemeinschaftsküchen zu bauen, in denen es häufig zu Konflikten kommt, werden in den Wohnungen Küchenzeilen eingesetzt, statt Sammelduschen Einzelbäder. Auch Raum für ehrenamtliche Helfer und damit die Möglichkeit zur aktiven Sozialbetreuung planen viele Architekten mit ein, ebenso wie Teeküchen, Freizeit- und Schulungsräume, Frauencafés, Spielplätze oder Religionsräume. Bolzplätze oder Beachvolleyballfelder neben den Unterkünften sollen außerdem den Kontakt zu den Anwohnern fördern, ebenso wie integrierte Kindergärten, Ausstellungsflächen oder Ateliers für Kreative. In manchen Pilotprojekten wohnen Geflüchtete auch mit Studenten zusammen.

Viele Kommunen haben diese neue Art, Flüchtlingsunterkünfte zu denken, bereits in die Tat umgesetzt. Sie haben erkannt: Der Kontakt zwischen Neuankömmlingen und Einheimischen, zwischen den Neuen und den Alten, ist der goldene Schlüssel zur Integration. Und vor allem: Je früher dieser Kontakt zustande kommt, desto besser.

Allerdings sollen die Flüchtlinge in den Unterkünften ja nur vorübergehend ein neues Zuhause finden. Die Frage ist: Was kommt danach?

Stadt, Land, Ghetto – wo sollen die Neuen wohnen?

Der Untergang »Kleindeutschlands« wird an einem Mittwoch 1904 besiegelt. Am 15. Juni gehen mehr als 1300 Menschen, die meisten davon deutschstämmige Frauen und Kinder, in New York an Bord der *General Slocum*. Der Vergnügungsdampfer soll sie nach Long Island bringen, wo die evangelisch-lutherische Kirche ihr jährliches Picknick veranstaltet, um das Schuljahresende zu feiern. Kurz nachdem der Dampfer abgelegt hat, bricht ein Feuer im Bug aus. Mehr als tausend Menschen sterben.

Das Unglück ist der Anfang vom Ende der deutschen Gemeinde in New York. Mitte des 19. Jahrhunderts leben dort etwa 120 000 eingewanderte Deutsche, die meisten davon im »Deutschländle« auf der Lower East Side. Der schwäbische Pfarrer und Schriftsteller Carl Theodor Griesinger beschreibt das Leben dort so: »Es geht aber echt zu im Deutschländle, so deutsch wie in Deutschland selbst. Der Bäcker ist so gut deutsch wie der Metzger und der Metzger so gut wie der Apotheker. Allerdings sind es lauter Kleingeschäfte, die allda getrieben werden, allein kein einziges befindet sich in anderen Händen als in deutschen. Nicht bloß der Schuhmacher, der Schneider, nicht bloß der Rasierer und der Doktor, nicht bloß der Krämer und der Wirt, nein, auch der Pfarrer ist hier deutsch, und damit dem Deutschtum die Krone aufgesetzt werde, trifft man sogar eine deutsche Leihbibliothek da. Wer also in Kleindeutschland wohnt, braucht keine Silbe Englisch zu verstehen und kommt doch fort.«

Griesingers Schilderung beschreibt den Albtraum moderner Integrationspolitik: eine klassische Parallelgesellschaft. Der Traum moderner Integrationspolitik hingegen wird im

Süden Italiens wahr. Seit fast zwanzig Jahren nimmt der kalabrische Zweitausend-Einwohner-Ort Riace Flüchtlinge auf. Die ersten waren 218 halb verhungerte Kurden, die eigentlich nach Griechenland wollten und an der nahe gelegenen Küste strandeten. Dann kamen die Afrikaner. Riace nahm Jahr für Jahr Flüchtlinge auf, sechstausend bis heute. Allerdings nicht bedingungslos: Die neuen Einwohner mussten verfallene Häuser im aussterbenden Ort renovieren, Olivenhaine und Weinberge wieder in Ordnung bringen. Dafür durften sie mietfrei wohnen und bekamen ein kleines Taschengeld. Bürgermeister Domenico Lucano wurde von der Zeitschrift *Fortune* zu einem der wichtigsten »leader of the world« ernannt.

Kleindeutschland oder Riace? Die Vorstellungen, wo und wie Migranten am besten wohnen, gehen in Deutschland auseinander.

Einer, der sich die Wo-Frage von Berufs wegen stellt, ist Jürgen Friedrichs. Der emeritierte Professor für Soziologie an der Uni Köln ist Experte für Stadtsoziologie. Aktuelles Forschungsgebiet: Flüchtlingsunterbringung. Er ist überzeugt: »Flüchtlinge nur in Ballungsgebieten anzusiedeln ist wenig sinnvoll.« Gerade auf dem Land und im Osten brauche es mehr Flüchtlinge, um durch mehr Kontakt Ängste abzubauen. Im Osten gebe es ein höheres Maß an Vorurteilen, gerade weil dort viel weniger Ausländer lebten. »Überspitzt könnte man sagen, dort hat sich seit 1933 nichts geändert. Die Menschen im Osten hatten viel weniger Kontakt mit der Welt als der Westen.« Das Argument, dass es dort keine Deutschkurse oder Arbeit für die Flüchtlinge gebe, lässt Friedrichs nicht gelten. »Deutschkurse lassen sich auch dort organisieren, und pauschal zu sagen, dort gibt es keine Arbeit für Flüchtlinge, damit macht man es sich zu einfach. Wir dürfen uns nicht den Leuten beugen, die die Flüchtlinge nicht bei sich haben wollen.

Das gilt für reiche Stadtteile in Hamburg ebenso wie für Landstriche im Osten.«

Überhaupt stimme das oft angebrachte Argument mit der fehlenden Arbeit auf dem Land so nicht. In den ländlichen Abwanderungsregionen sei die Chance auf einen Arbeitsplatz meist sogar besser als in den wachsenden Schwarmstädten. Zu diesem Ergebnis kommt auch eine Studie des Marktforschers Empirica. Die höchste Anzahl offener Stellen haben demnach mittelgroße Städte wie Memmingen, Schwerin oder Coburg, aber auch ländliche Gegenden wie der Main-Tauber-Kreis, Hildburghausen, Tuttlingen oder Sonneberg. Warum das so ist, erklärt die Studie wie folgt: Zwar sei die Zahl der Arbeitsplätze in den letzten Jahren in Städten wie München natürlich meist stärker gestiegen als im ländlichen Raum. Allerdings sei durch Zuwanderung die Zahl der Erwerbsfähigen ebenfalls stark gestiegen. Auf dem Land hingegen sei zwar die Arbeitsnachfrage gestiegen, das Angebot an Arbeitskräften aber gesunken. Reiner Braun und Harald Simons, die Autoren der Empirica-Studie, plädieren deshalb wie der Stadtsoziologe Jürgen Friedrichs dafür, Flüchtlinge von den Ballungszentren aufs Land umzusiedeln. Dort, oder überwiegend dort, stehen derzeit nämlich auch noch 1,7 Millionen Wohnungen leer (gut eine Million davon im Westen). Der Bedarf an neuen Wohnungen wäre deutlich geringer, wenn die Flüchtlinge in Regionen mit hoher Leerstandsquote geschickt würden, so die Autoren.

Braun und Simons schlagen außerdem vor, bei der Verteilung der Flüchtlinge die Bleibeperspektiven und Familienstrukturen der Flüchtlinge stärker zu berücksichtigen. Bislang sorgt in Deutschland der »Königsteiner Schlüssel« für eine annähernd gerechte und gleichmäßige Verteilung. Er bestimmt, wie viele Asylsuchende ein Bundesland, abhängig von seinen jährlich erzielten Steuereinnahmen und der Bevölkerungszahl, aufnehmen muss. Das seit August 2016 gültige Integrationsgesetz sieht außerdem eine Wohnsitzauflage für anerkannte Flüchtlinge vor. Die Länder dürfen selbst entscheiden, ob sie Wohnorte vorschreiben oder nur den Umzug in bestimmte Städte oder Regionen verbieten. Die Regelung ist auf drei Jahre befristet und gilt nicht für Flüchtlinge, die für einen Job, Ausbildungs- oder Studienplatz umziehen müssen. Ob ein Geflüchteter jedoch allein gekommen ist oder mit seiner Familie, wird bislang bei der Verteilung nicht berücksichtigt. Das, so die Autoren, müsse sich ändern. Familien – und immerhin zwei Drittel der Flüchtlinge kämen als Kernfamilie* – sollten grundsätzlich in ländlichere Regionen geschickt und allein flüchtende (junge) Männer stärker auf die größeren Städte verteilt werden. »Die Integration von allein flüchtenden jungen Männern in die überschaubaren Strukturen eines Dorfes ist oft schwierig«, sagt Reiner Braun. »Bei Familien ist die Aufnahme hingegen gerade in ländlichen Regionen, in Dörfern und Kleinstädten herzlicher als in größeren Städten. Dafür sorgt schon die Kontaktkraft der deutschen und ausländischen Kinder, die sich wenig um Nationalitäten scheren.« Für viele Abwanderungsregionen seien die Flüchtlinge zudem eine Chance. Allein in den vergangenen fünf Jahren seien bundesweit (ohne Mecklenburg-Vorpommern und Sachsen-Anhalt) 721 Grundschulen geschlossen worden.

So viel zur Theorie. Die Praxis ist wie immer nicht ganz so

* Diese Aussage scheint der Statistik, wonach vor allem junge Männer nach Deutschland kommen, zu widersprechen. Allerdings bedeutet ein hoher Männeranteil nicht, dass diese alle oder überwiegend allein geflüchtet sind. Vielmehr sind ein Teil der jungen Männer junge Väter oder zumindest Ehemänner, die zusammen mit ihren Angehörigen geflüchtet sind.

einfach. Denn so wahr die »Kontakt bekämpft Angst«-These ist, so schön die Vorstellung von wiederbelebten Häusern und geretteten oder reaktivierten Schulen klingt: Was tun, wenn die kritische Masse an Flüchtlingen, also die Zahl, die nötig wäre, damit die Bevölkerung vor Ort ihre Bedenken aufgibt, nie erreicht wird? Wenn sich Flüchtlinge dort so unwohl fühlen, dass sie, sobald sie dürfen, in den Westen rübermachen, so wie Romeo, der Pflegesohn von Ines Kummer? Was tun, wenn es die Flüchtlinge auf dem Land in die Großstadt oder zumindest in die Stadt zu ihren Landsleuten zieht, zum afghanischen Supermarkt oder zum eritreischen Friseur? Aus Sicht der Flüchtlinge ist ein Leben in der Diaspora, also umgeben von Landsmännern und -frauen, hoch vernünftig: Es erleichtert den Alltag im fremden Land, verschafft Sicherheit und Kontakt zu Menschen, die sie an die Hand nehmen. Das wussten Pfarrer Griesinger und die deutschen Einwanderer damals in New York. Das wissen auch Gebrael und Selam aus Eritrea, die ich im August 2015 bei einer Reportage kennengelernt habe. Jedes Mal, wenn ich mit ihnen telefoniere oder Whatsapp schreibe, könnte ich mein iPhone auf zwei Sätze verwetten. Erstens: »How is your husband and your children?« Zweitens: »We want to move to a bigger town.«

Gebrael, 29, seine Frau Selam, 25, sowie deren Cousine sind mir vor knapp zwei Jahren in Mailand begegnet, wo ich eine Geschichte für die *Süddeutsche Zeitung* recherchierte. Zusammen mit anderen Kollegen, die zeitgleich unterwegs waren, begleitete ich Flüchtlinge auf dem letzten Teil ihrer Flucht nach Deutschland.

Gebrael und Selam sind am Ende ihrer Flucht in Melle gelandet, einer Stadt in Niedersachsen, Wiehengebirge im Norden, Teutoburger Wald im Süden. Mit 46 000 Einwohnern ist Melle zwar die größte Stadt im Landkreis Osnabrück, aber eine eritreische Kirche oder einen afrikanischen Supermarkt gibt es dort nicht. Dafür ein Traktoren- und Landmaschinen-Museum. Die nächste eritreische Gemeinde befindet sich in Hannover, mehr als hundert Kilometer entfernt.

Die Geschichte hat mir damals gezeigt, wie willkürlich sich die Endstation einer Flucht ergibt. Wo ein Flüchtling letztlich landet, ist abhängig von Zufällen und wird befeuert von Gerüchten von Bekannten und Verwandten, die bereits im Land sind. Dazu zählt der eigene echte Bruder ebenso wie der Cousin zehnten Grades.

Als ich Gebrael in einem überfüllten Regionalzug Richtung Brenner anspreche und frage, wohin sie wollen, ist seine Antwort: »Munich.« Selam ist damals wie ich im fünften Monat schwanger. Ich begleite die drei vier Tage lang. In Rosenheim werden sie von der Bundespolizei aus dem Zug geholt und zur Registrierung mitgenommen. Ich warte am Bahnhof auf sie. Nach 24 Stunden lässt die Polizei sie nach München weiterfahren mit der Anweisung, sich dort bei der Erstaufnahme zu melden. Gebrael ist nicht sicher, ob sie wirklich in München bleiben sollen. In Dortmund, so hat er gehört, gäbe es besonders viel Arbeit. In Hamburg würden die Asylanträge schneller bearbeitet. Die drei schlafen erst mal bei mir. Nach Hamburg sind in den nächsten zwei Tagen alle günstigen Busse ausgebucht, für ein Zugticket reicht das Geld nicht mehr. Da fällt ihnen ein, dass es in Dortmund außer besonders viel Arbeit auch noch einen »Bruder« der Cousine gibt.*

* Auch ich wurde damals sofort zur »Schwester«, was aber, wie ich später gelernt habe, eine reine Höflichkeitsform ist. Nur jüngere Menschen werden in vielen afrikanischen Ländern mit Namen angesprochen, ältere mit der möglichen Verwandtschaftsbeziehung, also Bruder, Schwester, Mama oder Papa.

Sie wollen also nach Dortmund. Für 16 Euro pro Person kaufen wir Bustickets. Wie sich erweist, ist der Bruder allerdings kein gestandener Mann, der die drei erst mal an der Hand und vielleicht auch bei sich aufnehmen könnte, sondern ein 18-Jähriger, der mit anderen Flüchtlingen in einer WG wohnt. Seine Verwandten in Dortmund vom Busbahnhof abzuholen, hält er nicht für nötig. Wie sich bei der Ankunft ebenfalls herausstellt, lebt er auch nicht in Dortmund, sondern »bei« Dortmund – siebzig Minuten Zugfahrt entfernt. Als wir kurz vor Mitternacht in dem Kaff ankommen: kein Bruder in Sicht. Ich will Gebrael und Selam gerade erklären, dass wir wieder nach Dortmund zurückfahren müssen, weil wir hier nicht übernachten können, da taucht der Bruder schließlich doch noch auf. Ich »übergebe« Gebrael und Selam, drücke beide zum Abschied und springe in den letzten Zug Richtung Süden.

Zwei Nächte bleiben sie beim Bruder, dann melden sie sich bei der Erstaufnahmeeinrichtung in Bramsche in Niedersachsen. Von dort werden sie nach ein paar Wochen, in denen sie die ersten Tage ohne Bett auf dem Flur schlafen müssen und Gebrael sich bitter beschwert (»Meine Frau ist doch schwanger!«), nach Melle geschickt. Schon im Oktober, acht Wochen nach ihrer Ankunft in Deutschland, können Gebrael und Selam in ihrer ersten eigenen Wohnung schlafen. Per Whatsapp erhalte ich Fotos von einer Schrankwand in Eiche mit Fernseher, einer weißen Küche und einem verspiegelten Kleiderschrank.

So in etwa dürften sich Soziologe Friedrichs und die Autoren der Empirica-Studie die Um- und Ansiedlung von Flüchtlingen vorgestellt haben. Das Problem ist allerdings: Sobald Gebrael und Selam als Asylberechtigte anerkannt werden – und die Chancen stehen für Eritreer sehr gut –, fällt die

Residenzpflicht (für sie gilt die Wohnsitzauflage noch nicht). Gibt es bis dahin nicht genug Gründe für sie, in Melle zu bleiben, zum Beispiel einen guten Arbeitsplatz, eine große Wohnung oder Freunde, werden sie wohl nach Hannover oder in eine andere Großstadt ziehen. Genau aus diesen Gründen wurde mit dem Integrationsgesetz die Wohnsitzauflage eingeführt. Eine solch befristete Einschränkung der Freizügigkeit hatten Braun und Simons 2015 in ihrer Empirica-Studie vorgeschlagen. Zwar widerspreche dies sowohl liberalen Grundideen als auch dem von Flüchtlingen geäußerten Wunsch nach einem Wohnort in Berlin, München, Hamburg oder Frankfurt, schrieben die Autoren in ihrer Studie. »Aber wir sind nicht davon überzeugt, dass dies tatsächlich ihrem festen Willen entspricht. Vielmehr gehen wir davon aus, dass viele Flüchtlinge kaum andere Städte auch nur mit Namen kennen.«

Da haben sie vermutlich recht. Doch die Wohnsitzauflage bringt auch ganz praktische Probleme mit sich. Universitäten müssen zum Beispiel für Gaststudenten, denen ein weiter entfernter Wohnort zugewiesen wurde, Gastfamilien suchen oder Spenden für Fahrtgeld sammeln, damit sie weiter zur Uni kommen können. Flüchtlingshelfer berichten von einem stark gestiegenen Aufwand, Wohnungen zu finden, selbst dann, wenn die Landkreise die Wohnsitzauflage nicht ganz so streng auslegen. Denn trotzdem muss ein Antrag bei den oft völlig überlasteten Ausländerämtern eingereicht werden. Das kostet Zeit und strapaziert die Nerven der Vermieter. Wer wartet schon gern mehrere Tage, manchmal auch Wochen auf ein O.K. vom Amt, wenn er seine Wohnung vermieten will?

Auch die Idee der Autoren, bei der Verteilung der Flüchtlinge mehr darauf zu schauen, wen man vor sich hat, eine Familie oder einen alleinstehenden Mann, hört sich theoretisch sinnvoll an. Die Wirklichkeit ist allerdings komplizierter.

Denn viele Männer sind zwar zunächst allein gekommen, holen aber, wie Nadjas Schwager, so bald wie möglich ihre Familien (Nadjas Schwester plus acht Kinder!) nach. Wann und ob der Familiennachzug klappt, ist oft schwer vorherzusagen. Es kann einen Monat dauern, ein Jahr, aber auch länger. Soll man dem irakischen Familienvater, der im nächsten halben Jahr mit dem Nachzug seiner Frau und der Kinder rechnet, also noch eine Einzimmerwohnung in der Stadt suchen? Oder lieber gleich ein Häuschen auf dem Land? Wer jemals verzweifelt eine Wohnung für (ehemalige) Flüchtlinge gesucht hat, wird für Letzteres plädieren. Zu kompliziert, zu zeitaufwendig ist die Suche. Außerdem erschwert ein möglicher erneuter Umzug die Suche nach einem Ausbildungs- oder Arbeitsplatz. Andererseits: Wie kann man den deutschen Nachbarn erklären, dass ein Iraker mehrere Monate allein in einem Reihenhaus neben ihnen lebt – bezahlt von ihren Steuergeldern?

Für Stadtstaaten wie Berlin, Hamburg oder Bremen besteht die Option »Flüchtlinge aufs Land« ohnehin nicht. Da der Königsteiner Schlüssel zwar die Steuereinnahmen und die Bevölkerungszahl jedes Bundeslandes berücksichtigt, nicht aber die Fläche, haben es die Stadtstaaten besonders schwer, ihre Geflüchteten unterzubringen. Hier, aber auch in allen anderen Großstädten Deutschlands, müssen, nicht nur wegen der Flüchtlinge, Tausende bezahlbare Wohnungen entstehen. Und zwar in Rekordgeschwindigkeit.

Den Flüchtlingen sei Dank – wie Städte beim Wohnungsbau den Turbo einschalten

Wie und wo soll, kann, darf gebaut werden? Karlheinz Beer vom Bund der deutschen Architekten hat sich intensiv mit dieser Frage beschäftigt. Er sagt: »Es muss für den Markt wieder interessant werden, preiswerte Wohnungen zu bauen, und zwar keine Billigbauten und keine Migrantensiedlungen.« Die Flüchtlingskrise habe die vorhandenen Defizite im Wohnungsbau nur sichtbar gemacht. Seit vielen Jahren würden in Deutschlands Großstädten nur noch Luxusimmobilien gebaut. Hier sei die Rendite für Investoren am höchsten. Bei unserem Gespräch muss ich an mein Viertel, das Gärtnerplatzviertel in München, denken. Dort wurde in den vergangenen Jahren ganz offensichtlich vor allem das drängende Problem der Superreichen angegangen, vernünftige Investments zu finden. Serviced Apartments statt Sozialbauten. Wo früher Shampoos verkauft wurden, werden heute Luxusimmobilien angeboten. Radle ich abends an den Drittwohnungen vorbei, sind die meisten Fenster dunkel. Um leer stehende Häuser besser nutzen und neue einfacher und schneller bauen zu können, plädiert Beer dafür, auch mal Standards zu senken, etwa beim Schallschutz, der Wärmedämmung, der Abstandssatzung oder der Stellplatzverordnung. »Denn selbst wenn es uns gelingt, einen Teil der Neuankömmlinge in leer stehende Häuser zu vermitteln, brauchen wir für die Städte der Zukunft dringend neue Massenwohnungsbau-Modelle.« Massenwohnungsbau? Klingt auch nicht gerade besser als Luxusimmobilie. Gemeint seien natürlich keine Banlieus, winkt Beer ab. Gemeint seien intelligente Konzepte für städtisches Wohnen, wie zum Beispiel in Wien.

Österreichs Hauptstadt ist für viele Architekten und Stadtplaner, aber auch für zahlreiche Mieter so etwas wie ein Ort der Glückseligkeit. Wenn es eine Stadt in Europa gibt, die im Wohnungsbau im vergangenen Jahrhundert ziemlich viel richtig gemacht hat, dann ist es Wien. Während etliche deutsche Gemeinden den Sozialwohnungsbau praktisch eingestellt haben und frei werdende Flächen an profitorientierte Investoren verscherbeln, hält Österreichs Hauptstadt am Besitz wie am Neubau fest. 220 000 Gemeindebauwohnungen gibt es heute in Wien, das ist etwa ein Viertel aller Hauptstadtwohnungen. Hamburg ist fast genauso groß wie Wien, besitzt aber nur 34 000 Sozialwohnungen. Berlin hat bei mehr als doppelt so vielen Einwohnern nur 125 000 Sozialwohnungen. Das Wiener Modell kostet natürlich ziemlich viel Geld. Allein 2014 stellte die österreichische Hauptstadt knapp hundert Millionen Euro an Fördermitteln für den Bereich Wohnen zur Verfügung. Die deutsche Bundesregierung hat für 2017 und 2018 jeweils fünfhundert Millionen Euro für den Wohnungsbau bereitgestellt – für ganz Deutschland.

Das Wiener Wohnbauprogramm ist keineswegs eine neuere Erfindung, sondern hat lange Tradition. Seit den Zwanzigerjahren hat die Stadt ihre Gemeindewohnungen auf alle Bezirke verteilt. Kontinuierlich kauft sie potentielles Bauland auf, um es später unter bestimmten Vorgaben an – meist gemeinnützige – Bauträger zu verkaufen. Statt die Stadt den Investoren zu überlassen, gestaltet man sie mithilfe von Bauträger-Wettbewerben lieber selber. Wer den Wettbewerb gewinnt, entscheidet eine unabhängige Jury. Sie prüft später genau, ob die sozialen, ökologischen oder architektonischen Ideen, mit denen der Wettbewerb gewonnen wurde, auch tatsächlich realisiert werden. Die Qualität im geförderten Wohnbau ist deshalb in Wien oft höher als im frei finanzierten. Mit einfachen Sozialbauten, wie wir sie aus der Vergangenheit kennen, haben die geförderten Wohnungen meist nichts gemein. Eher mit Luxusapartments. Ein Schwimmbad auf dem Dach ist im geförderten Wohnbau in Wien nichts Ungewöhnliches mehr. Die neue Wohnanlage »Wohn_Zimmer« im Sonnwendviertel hinter dem Wiener Hauptbahnhof verfügt sogar über ein ganzes Wellness-Center mit Pool, drei Saunas, Jacuzzi und Spinning-Raum. Die Anlage ist Teil eines Gesamtkonzepts, bei dem Wohnungen verkleinert und dafür viele Gemeinschaftseinrichtungen geschaffen wurden, darunter ein Boulder-Raum zum Klettern, eine mehrstöckige Kinderrutsche, ein Heimkino, eine große Küche mit Speisezimmer und ein schalldichter Jugendraum. Für eine 53 Quadratmeter große Wohnung im Sonnwendviertel beträgt die Miete inklusive Nebenkosten 398 Euro.

Von solchen Wohnbedingungen können Flüchtlinge hierzulande, ebenso wie Deutsche mit geringerem Einkommen, nur träumen. Für sie bedeutet Wohnen in München, Berlin, Hamburg, Frankfurt, Köln oder Stuttgart nicht Zuhause, sondern Zumutung. Tatsächlich werden Flüchtlinge in vielen Städten ausgerechnet in sozial schwierigen Vierteln untergebracht. »Wir bauen Flüchtlings-Ghettos, obwohl wir wissen, dass es falsch ist«, sagt Stadtsoziologe Jürgen Friedrichs. »Integration funktioniert nur, wenn wir Flüchtlinge in kleineren Einheiten unterbringen. Je mehr Flüchtlinge zusammenleben, desto größer die Gefahr von Isolation.« Klingt logisch, aber was heißt denn wirklich »zu viele« Flüchtlinge für ein Wohnviertel? Für Friedrichs liegt der Richtwert bei zehn Prozent. Vergleichbare Studien aus den USA kämen zu ähnlichen Ergebnissen. In einer Untersuchung habe man zum Beispiel weißen Studienteilnehmern immer wieder ein Quadrat aus sieben mal sieben Häusern vorgelegt. Von den 49 Häusern war erst eines schwarz, dann zwei, dann drei, dann vier. Fragte man sie, in welchem Quadrat sie gern selbst wohnen würden, war bei drei oder vier schwarzen Häusern meist Schluss.

Zehn Prozent? Bei solchen Quoten können Hamburgs Stadtplaner nur müde lächeln. Ende 2015 setzte sich die Stadt ein ehrgeiziges Ziel: Innerhalb von gut einem Jahr sollten in allen sieben Bezirken insgesamt 4800 Wohnungen für ungefähr zwanzigtausend Flüchtlinge entstehen. 3400 von ihnen sollten allein in Billwerder unterkommen, einem beschaulichen Stadtteil am äußersten Rand Hamburgs, dort, wo endlose Marschlandschaft auf die Ausläufer der Stadt trifft. 750 Wohnungen nur für Flüchtlinge. Die Anwohner liefen Sturm. 3400 Flüchtlinge auf 1300 Einwohner? Macht eine Quote von 261 Prozent.

Auch Sophia ist von dem Bau alles andere als begeistert, dabei ist die 34-jährige Mutter einer kleinen Tochter selbst Flüchtlingshelferin in Billwerder, koordiniert das ehrenamtliche Engagement, übernimmt Patenschaften für Familien und schaut oft auf einen Kaffee in der bereits bestehenden Flüchtlingsunterkunft vorbei, einem kleinen Containerdorf mit 140 Flüchtlingen. »Ich verstehe nicht, warum die Politik solche Projekte überhaupt noch plant. Ich merke jeden Tag, wie wichtig der Kontakt zu Deutschen oder Migranten, die schon länger hier leben, für die Flüchtlinge ist. Und genau den bekommen sie in solchen Massenunterkünften nicht«, sagt sie, als ich mit ihr telefoniere. Der Glaube, ein solches Ungleichgewicht durch »Quartiersmanagement« beheben zu können, wirke da wie eine sozialpädagogische Utopie. »Und natürlich habe auch ich Angst, dass Billwerder zu einem Problemstadtteil werden könnte.«

Die Probleme von morgen zählen allerdings wenig, wenn die Probleme von heute alle Kraft erfordern. Die Hamburger

SPD verteidigte die Siedlung. Nur durch solche »Pilotprojekte« könnten in Hamburg ausreichend Unterkünfte für Flüchtlinge geschaffen werden (in feineren Stadtteilen wie Hamburg-Eppendorf wurden derartige Großvorhaben allerdings wieder verworfen). Die Siedlung wurde also trotzdem gebaut, vorerst aber »nur« mit 2500 Flüchtlingen belegt, die in Deutschland eine Bleibeperspektive haben und schon länger im Land sind, angeblich Menschen, »die sich mit den örtlichen Gepflogenheiten auskennen«. Eine, wie ich seit der Geschichte mit Nadjas Umzug weiß, gewagte These. Außerdem würden die Flüchtlinge ja nicht lange unter sich bleiben. Die Unterkünfte sollen später als Wohnungen genehmigt werden. Vorher muss allerdings erst noch eine Lärmschutzwand an den nahe gelegenen Bahngleisen gebaut werden, damit in den Unterkünften überhaupt »normale« Mieter wohnen dürfen. Um Platz für sie zu schaffen, soll ein Teil der Flüchtlinge bereits nach wenigen Jahren wieder ausziehen. Dann könnten Hamburger neben den Flüchtlingen einziehen und das Quartier sozial durchmischen. So zumindest die Idee. Allerdings weiß keiner, ob Hamburger Studenten oder Azubis überhaupt in die neuen Sozialbauten am Stadtrand ziehen wollen. Zunächst einmal werden in den kommenden Jahren also Hunderte Kinder aus Syrien, Irak oder Iran in einer Umgebung aufwachsen, in der sie wenig Chancen haben, von Gleichaltrigen im Kindergarten oder in der Schule fehlerfreies Deutsch zu lernen.

Drei bis vier Jahre, das ist der Zeitraum, über den derartige Großprojekte normalerweise geplant und gebaut werden. Die Flüchtlingsunterkunft in Billwerder entstand in weniger als einem Jahr – auf einem Grundstück, das eigentlich für ein neues Gewerbegebiet vorgesehen war. Möglich machen das neue Ausnahmeregelungen im Baugesetzbuch. Sie erlauben, dass Unterkünfte für Flüchtlinge ohne die üblichen Architektenwettbewerbe und aufwendige Bebauungspläne errichtet werden. Manche Architekten sprechen deshalb von »chinesischen Verhältnissen«. Die Bürgerbeteiligung wird dadurch mancherorts stark eingeschränkt. In Billwerder wurde zum Beispiel trotz Klagen von Anwohnern einfach weitergebaut. »Das hat mich und viele der Menschen hier sehr geärgert«, sagt Flüchtlingshelferin Sophia. Weil dadurch Fakten geschaffen worden seien, bevor es überhaupt eine gerichtliche Entscheidung gegeben habe. »Die hätten das doch nie alles wieder zurückgebaut!« Das habe die Anwohner frustriert und wirke sich natürlich auch auf deren Engagement für Flüchtlinge aus.

Andererseits: Ist es nicht gerade das, was wir jetzt brauchen? Einen flexiblen Staat, flexible Gesetze? Und: Dass das Mitspracherecht der Anwohner nicht immer zu den besten Lösungen führt, hat »die neue deutsche Mauer« in München-Neuperlach gezeigt. Die vier Meter hohe Mauer zwischen einer neu gebauten Unterkunft für unbegleitete minderjährige Flüchtlinge und den Gärten der Anwohner erregte ganz Deutschland. Von sieben Anwohnern als Lärmschutzmaßnahme erklagt, wurde sie zum Symbol für deutschen Kleingeist und Abschottung. Da half es auch nichts, dass die Kläger mehrfach beteuerten, sie hätten nichts gegen Ausländer, wollten in ihrem Garten nur weiterhin ihre Ruhe genießen.

Aus derselben Stadt wie die Mauer stammt allerdings auch ein Vorzeigeprojekt des deutschen Sozialwohnungsbaus. Über dem Parkplatz des Dantebads steht ein Wohngebäude auf Stelzen. Unten können weiterhin Autos parken, darüber teilen sich ehemalige Flüchtlinge und Geringverdiener hundert Wohnungen und einen Dachgarten. Die Einzimmerwohnung gibt's ab 230 Euro im Monat. Von der Idee bis zum Erstbezug vergingen dank einer Modulbauweise gerade mal 14 Monate. Normale Bauzeit auch hier: drei Jahre.

Ginge es nach Oberbürgermeister Dieter Reiter, würde das »Turboprojekt« zum Normalfall. Denn auch das Haus am Dantebad ist ein »Pilotprojekt«, und zwar des neuen Münchner Wohnprogramms »Wohnen für alle«. Bis 2019 sollen mit dem Programm dreitausend neue Wohnungen entstehen – zusätzlich zu den ohnehin bereits geplanten. Denn nicht nur die Flüchtlinge drängen in die Städte. Auch viele Deutsche folgen dem Trend und ziehen vom Land in die Stadt. Das Problem ist nur: Die Stadt hat nicht genügend bebaubare Freiflächen oder Parkplätze. Zum Richtfest lud Reiter deshalb Vertreter von Supermärkten und Discountern ein und rief sie auf: Baut Wohnungen auf euren Parkplätzen!

Tatsächlich ist die Idee so einfach und bestechend, dass man sich fragt, warum sie nicht schon viel früher jemand umgesetzt hat: wohnen neben Aldi. Man muss nur das Baurecht etwas abändern, etwa die Anzahl der Stellplätze pro Wohnung minimieren.

Und noch etwas fällt auf: Die Architektur des Hauses am Dantebad ist keine in Beton gegossene Diskriminierung, sondern durchdacht und ansprechend. Auf jedem Stockwerk gibt es einen Gemeinschaftsraum. Damit keine Satellitenschüsseln die Fassade verschandeln, erhalten die Bewohner Hilfe beim Anschluss eines Receivers. Bereits angebrachte Gardinenstangen sollen vermeiden, dass die Bewohner Fenster mit Tüchern abdunkeln (denn einen Bohrer haben die wenigsten). Und natürlich sind die Parkplätze unterm Haus beleuchtet, damit keine Angsträume entstehen.

Besonders viel Wert haben die Planer außerdem auf die Mischung der Bewohner gelegt – allerdings erst nach Protest der Anwohner. Wo zunächst nur Einzimmerapartments entstehen sollten (überwiegend für Männer, so die Befürchtung der Anwohner), hat jetzt eine Belegungskommission die Bewohner sorgsam gecastet: fünfzig Prozent anerkannte Flüchtlinge, fünfzig Prozent Geringverdiener, Studenten, Azubis, Sozialhilfeempfänger, Obdachlose. In 16 Zweieinhalbzimmerapartments wohnen Familien. Sozialpädagogen sollen die Hausgemeinschaft und den Kontakt zu den Anwohnern fördern – und Konflikte von vornherein vermeiden.

Warum ich das alles so detailliert schildere? Weil ich überzeugt bin, dass die Art und Weise, wie die Neuankömmlinge wohnen, einen immensen Einfluss auf das Gelingen des Mammutprojekts »Flüchtlinge werden zu normalen Deutschen« haben wird. Natürlich spielen dabei auch Dinge wie das zügige Einbinden in den Arbeitsmarkt oder das schnellere Abschieben von Straftätern eine Rolle (wobei Antonys Geschichte gezeigt hat, dass Straftäter nicht gleich Straftäter sind), doch zu Beginn sind die allermeisten Flüchtlinge weder Straftäter noch Arbeitnehmer. Aber alle brauchen vom ersten Tag an ein Dach über dem Kopf. Die Wohnsituation kann darüber entscheiden, in welche Bahnen ein Flüchtling gerät.

Dass Planer und Architekten inzwischen schon an Gardinenstangen denken, zeigt, wie ernst sie ihre Aufgabe nehmen und dass aus der Vergangenheit gelernt wurde. Natürlich braucht es hinter der Gardinenstange aber auch größer gedachte Konzepte wie beispielsweise das der »Münchner Mischung«: Ein Drittel der Wohnungen eines Stadtteils sind normale Mietwohnungen, ein Drittel Eigentumswohnungen, und ein Drittel wird sozial gefördert. Trotz dieses stadtplanerischen Prinzips gibt es auch in München Stadtteile mit überdurchschnittlich hohem Ausländeranteil – in Milbertshofen-Am Hart etwa haben 56 Prozent der Einwohner ausländische Wurzeln –, doch es sind hier keine Parallelgesellschaften zu finden wie in Berlin-Neukölln, Duisburg-Marxloh, Pforzheim-Oststadt oder Bremerhaven-Lehe. Und das, obwohl München eine der Großstädte mit dem höchsten Migrantenanteil in Deutschland ist. Jeder dritte Münchner hat ausländische Wurzeln, deutschlandweit nur jeder fünfte Einwohner.

Allein ein hoher Ausländeranteil im Viertel scheint also noch nicht zur »Ghettoisierung« zu führen. Im Gegenteil. Manche Experten sagen sogar: Viele Ausländer in einem Viertel beschleunigen die Integration. Der Kanadier Doug Saunders beispielsweise hat für sein Buch *Arrival City. Die neue Völkerwanderung* weltweit in mehr als zwanzig Stadtvierteln mit hohem Migrantenanteil recherchiert. Er vertritt die Meinung, der Staat müsse stark sein, wenn es um Bildung geht. Der Staat solle wegsehen, wenn die Neuankömmlinge beginnen, ihr eigenes Leben zu leben. Denn nur so könne Integration gelingen. Saunders Buch war Vorlage für die Ausstellung »Making Heimat« des deutschen Pavillons bei der Architektur Biennale 2016 in Venedig. Im Ausstellungskatalog schreibt er: »Die räumliche Konzentration von Immigranten gleicher Herkunft wird in der aufnehmenden Stadt zwar unter Umständen mit Besorgnis wahrgenommen, ist aber häufig das effektivste Instrument zur institutionellen und damit letztlich auch kulturellen und sprachlichen Integration.« Das hätten die Erfahrungen in Kanada gezeigt.

Die Kuratoren der Biennale wollten damit einen »auch in Deutschland fälligen« Perspektivwechsel auf Einwandererviertel einleiten. Denn die Gleichung Einwandererviertel = Problemviertel = Heimat der Integrationsverweigerer = Brutstätte für Terroristen greift tatsächlich zu kurz. »Einwandererviertel bieten ihren Bewohnern häufig die wichtigsten Voraussetzungen einer Arrival City«, sagt Kuratorin Anna Scheuermann vom Deutschen Architekturmuseum, etwa günstige Mieten, ethnische Netzwerke, eine gute Anbindung an S- oder U-Bahn, kleine Läden und die Möglichkeit, innerhalb kurzer Zeit unbürokratisch an Arbeit zu kommen, zur Not auch schwarz. Ein häufiger Fehler in der Vergangenheit sei gewesen, dass man nur aufs Wohnen geschaut habe, nicht aber darauf, dass die Menschen in ihren Vierteln auch Arbeit fänden. »Die Viertel müssen ihre Bewohner animieren, schnell ihre eigenen Geschäfte aufzumachen«, so Scheuermann. Ganz wichtig seien außerdem die Schulen. »Um aus einem Problem- ein Ankunftsviertel zu machen, genügt es nicht, ebenso gute Schulen wie in den umliegenden Vierteln zu bauen. Man braucht die besten Schulen der Stadt.« So wie beispielsweise in East London, wo inzwischen mehr Kinder von Migranten aus Bangladesch einen höheren Schulabschluss erreichen als britische Kinder. Viele dieser Kinder ziehen später in ein anderes Viertel. Auch das zeichne ein Ankunftsviertel aus, so Scheuermann. »Anders als in einem echten Problemviertel, das Brutstätte von Kriminalität und Extremismus ist und in dem die Kommune nichts für die Entwicklung der Einwohner tut, sind die Grenzen im Ankunftsviertel offen. Aufstieg und Ausstieg sind möglich, die Fluktuation sehr hoch.« Als Paradebeispiel für eine »Arrival City« präsentiert die Ausstellung Offenbach bei Frankfurt am Main.

Ist das ganze Gerede von der angeblichen Ghettoisierung also völlig übertrieben? Im eigentlichen Wortsinn sicherlich. Ursprünglich bezeichneten »Ghettos« Stadtviertel, die Anfang des 16. Jahrhunderts den Juden zugewiesen wurden, zum Beispiel in Venedig. Auch um viele andere Hauptstädte herum entstanden Judenviertel, die fest vermauert waren und über Nacht sogar abgesperrt wurden. Im übertragenen Wortsinn passt der Begriff allerdings auf Viertel wie Berlin-Neukölln: Auch hier leben manche Familien seit Generationen, auch hier gibt es Mauern, die zwar imaginär, aber doch schwer zu überwinden sind.

Staffelmiete, Abschlagszahlung, Mülltrennung – die erste eigene Wohnung

Noch schwerer, als aus irgendeinem Viertel wieder wegzuziehen, fällt es den meisten Einwanderern allerdings, überhaupt erst mal irgendwohin zu ziehen, sprich: eine Wohnung zu finden. Haben Sie dann endlich eine ergattert, wartet gleich die nächste Herausforderung: das Erlernen des deutschen Wohn-ABCs. Zum Abschluss des Kapitels drei Lektionen.

Lektion 1: Bei manchen dauert es Monate, bei anderen Jahre, aber irgendwann werden die meisten Flüchtlinge zu »Fehlbelegern«. Das heißt: Wenn ihr Asylantrag genehmigt oder abgelehnt wird, müssen sie raus aus der Flüchtlingsunterkunft, rein in die erste eigene Wohnung – oder zurück in ihr Herkunftsland. Für die, die bleiben dürfen, beginnt die verzweifelte Suche nach einem Zuhause, meist ohne jemals etwas gehört zu haben von Kaution, Makler, Provision, Besichtigungstermin, Staffelmiete, Wohngeld, Nebenkosten, Abschlagszahlung, Schönheitsreparaturen oder dem Prinzip von Angebot und Nachfrage. Ohne Hilfe von Deutschen haben sie zumindest in den Großstädten oft keine Chance auf dem Wohnungsmarkt, das habe ich bei meinen beiden Patenfamilien erlebt. Zu groß die Skepsis der Vermieter, zu unwissend die Neuankömmlinge, zu schlecht ihr Deutsch, und vor allem: zu wahnwitzig die Mieten. Vielen Migranten scheint die schwierige Lage auf dem Wohnungsmarkt allerdings überhaupt nicht bewusst zu sein. Bei Besichtigungsterminen kommt es deshalb mitunter zu skurrilen Situationen, etwa dass ein Familienvater vom Vermieter verlangt, erst ein paar Wände umzusetzen. Nur dann könne seine Familie dort einziehen. Oder dass

Wohnungen abgelehnt werden, weil sie keinen Aufzug haben. Oder – auch das habe ich gehört – weil sie zu ruhig sind. Dass man, zumindest in den Großstädten, nehmen muss, was man bekommt, das ist die erste Lektion für viele.

Lektion 2: Ist schließlich doch irgendwann der erste Mietvertrag unterschrieben, folgt die Einrichtung: Teppichboden verlegen, Schrankwand aufbauen, Wände streichen, Bett bei Kurz & Fündig kaufen, Matratze bei Ikea bestellen. Ein Helfer erzählte mir einmal, dass er mit seinen neuen Paten immer ein Möbelhaus besuche. Dort gehe er dann mit ihnen in die Wohnzimmerabteilung. Nicht, um dort Möbel auszusuchen, sondern um ihnen zu zeigen, wie die Deutschen so wohnen. Ich finde diese Idee grandios. Denn in der Kultur des Wohnens spiegelt sich ja die geistige Verfasstheit einer Gesellschaft. Wer in deutsche Wohnzimmer schaut, blickt in die deutsche Seele.

Was der Flüchtling danach allerdings nicht weiß: Wo man günstig Möbel findet, geschweige denn, wie man sie aufbaut. Jusuf zum Beispiel hat für die neue Wohnung einen wohnzimmerfüllenden Couch-Koloss bestellt. »Für große Familie«, erklärte er mir. Meinen Vorschlag, nach einem gebrauchten Sofa zu suchen, schlug er aus. Überhaupt habe ich in den vergangenen drei Jahren das Gefühl bekommen, dass gebrauchte Dinge für Nadja und Jusuf nicht denselben Stellenwert haben wie für mich. Wenn es irgendwie geht, muss alles neu sein, egal ob Couch oder Küche. Wenn ich frage, woher sie das Geld dafür haben – die Umzugshilfe und der Einrichtungszuschuss vom Jobcenter reichen dafür nie und nimmer –, höre ich: »Von Irak.«

Auf jeden Fall gehört zur Couch auch ein Couchtisch. Nadja fragt mich am Telefon, wo sie günstig einen bekommen könne. »Bei Ikea«, sage ich. »Wo?«, fragt Nadja. »Bei I-K-E-A«, wiederhole ich lauter. »Was ist das?«, fragt Nadja. Sie hat in fast sieben Jahren in Deutschland tatsächlich noch nie etwas davon gehört. Ich zeige ihr die Webseite. Nadjas Augen können gar nicht genug kriegen von Pax, Billy und Molger. »Und so billig? Nur zehn Euro für einen Tisch?!« Ich erinnere mich dunkel: Die Ikea-Welt zu entdecken war als 18-Jährige mit erster eigener Wohnung ein großes Glücksgefühl. Sie jetzt Nadja zu zeigen auch.

Lektion 3: Nach dem Einrichten folgen die Hausordnungen, auf deren Einhaltung man in Deutschland pocht. Starker Essensgeruch, Wäsche, die im Hausflur trocknet, Kinderlärm am späten Abend oder nicht getrennter Müll können deutsche Nachbarn leicht erzürnen. Auch kann man nicht einfach so ausziehen. Man muss eine Wohnung kündigen, bevor man sie verlässt. Und wenn man sie verlässt, muss man sie ordentlich verlassen. Außerdem darf nicht plötzlich eine Großfamilie hausen, wo offiziell nur Vater, Mutter, Kind eingezogen sind. Sowohl bei Hazal als auch bei Nadja schlafen oft Verwandte mit in der Wohnung. In Hazals Zweizimmerwohnung waren es die Schwägerin und der Schwiegervater, die beide eigentlich noch im Flüchtlingsheim wohnten, bei Nadja ist es Jusufs Bruder. Hin und wieder kommen dann auch noch entfernte Verwandte zum Dauerbesuch. In den vergangenen Sommerferien musste Nadja zum Beispiel die drei pubertierenden Kinder von Jusufs Cousin aus Bremen drei Wochen bei sich in der Wohnung erdulden. Erst sollten sie nur für eine Woche kommen, weil der Große sich gern mal München anschauen wolle, so die Begründung der Eltern. Doch dann wurden aus einer Woche drei Wochen – 21 Tage, in denen Nadja drei nicht sonderlich sympathische Teenager mehr bekochen und bespaßen musste. Sie litt sichtlich darunter. Jedes Mal wenn ich mit ihr telefonierte, zählte sie die Tage bis zur vermeintlichen Abreise. Erst nahm ich an, die Eltern der Kinder müssten arbeiten, aber es stellte sich heraus, dass sie ebenfalls keinen Job hatten. »Warum macht ihr das?«, fragte ich Nadja. »Weißt du, dass ihr Ärger mit den Nachbarn und dem Vermieter bekommen könnt, wenn drei Leute fast einen Monat lang bei euch wohnen?« »Ja, ich habe es Jusuf gesagt, aber sein Vater sagt, wir müssen die Kinder bei uns wohnen lassen.«

Mit etwas Glück beinhaltet die dritte Lektion des Wohnens allerdings auch: Deutsche Nachbarn können nicht nur nerven, sie helfen auch gern. Mehr noch, sie sind die perfekten Integrationshelfer. Diese Erfahrung habe ich in den vergangenen Jahren vor allem bei Hazal und Jamil gemacht. In ihrer alten Wohnung lebte ein urbayerisches älteres Ehepaar gegenüber, Ines und Peter. Nebenan wohnte Moni, ebenfalls Rentnerin. Ohne die beiden wäre der Umzug in die neue Wohnung wohl kaum so reibungslos geglückt.

Es ist die letzte Woche vor den Sommerferien. Ich sitze mit Hazal am Küchentisch. Sie füllt einen Antrag auf Schulmittelhilfe aus, Rosin, ihre Tochter, kommt in fünf Tagen in die Schule. Als sie fertig ist, legt sie den Stift beiseite, blickt zu Boden und sagt leise: »Anna«, so nennt Hazal mich immer, »wir haben vielleicht eine große Wohnung.« Dabei sieht sie nicht aus wie jemand, der sich über eine größere Wohnung freut, sondern eher wie jemand, der gerade seine Wohnung verloren hat. »Das ist doch toll!«, sage ich. »Wo ist die Wohnung denn?« »In Kieferngarten, zehn Kilometer von hier.« Auf einmal ist gar nichts mehr toll. Der Schulplatz mit Hort für Rosin, der Kindergartenplatz für Silo, der Deutschkurs für Hazal – alles hatten wir lange geplant und organisiert. Hazal war es so wichtig, eine Kinderbetreuung zu finden – sie will endlich einen Schulabschluss machen. Auf einmal alles wieder futsch?

Als Hazal meine Enttäuschung sieht, sagt sie: »Ich möchte auch nicht weg hier, aber Jamil will.« Das ist an sich nur allzu verständlich. Die Zweizimmerwohnung ist für sie zu viert auf Dauer zu klein. Außerdem macht der neue Eigentümer der Wohnung Druck. Er will die Iraker raushaben, angeblich wegen Eigenbedarf. Ich versichere Jamil zwar immer wieder, dass der Vermieter sie so leicht nicht aus der Wohnung bekommt, aber das tröstet ihn höchstens kurzzeitig. Nur: Auf dem freien Wohnungsmarkt haben sie keine Chance, eine bezahlbare Wohnung zu finden, sie suchen schon seit Jahren. Als Rettung erweist sich Jamils Arbeitgeber. Er weiß von seiner Misere, bietet ihm eine firmeneigene Wohnung an: vier Zimmer für 760 Euro, ein Traum. Jamil sagt zu, ohne die Wohnung überhaupt gesehen zu haben. Es fehlt nur noch der Vertrag.

Und nun? Der Umzug soll in zwei Monaten sein. Das neue Schuljahr beginnt in fünf Tagen. Und ich muss am nächsten Tag zu einer Hochzeit nach Südtirol. Wo Rosin nächste Woche in die Schule gehen soll? Keine Ahnung. Zum Glück gibt es Ines und Moni, Hazals Nachbarinnen. Moni hängt sich gleich am nächsten Morgen ans Telefon, um sich um neue Schul-, Hort- und Kindergartenplätze zu kümmern. Ines ist dabei, als der alte Vermieter am späten Abend kommt, um den Aufhebungsvertrag zu besprechen. Mein Mann und ich haben Jamil von Südtirol aus instruiert, was er sagen muss, um eine Ablösesumme auszuhandeln. Am nächsten Morgen, es ist Viertel vor acht, ruft mich Hazal an. »Entschuldige, dass ich so früh anrufe, aber ich konnte die ganze Nacht nicht schlafen.« Sie erzählt mir vom Treffen mit dem Vermieter. Unser Pokerspiel ist tatsächlich aufgegangen. Der Vermieter hat zehntausend Euro Ablösesumme angeboten. Zehntausend Euro! Hazal kann es immer noch nicht fassen. Und die guten Nachrichten gehen weiter. Wenig später schreibt mir Hazal: »Wir haben einen Platz in der Ganztagsschule!« Und am nächsten Tag: »Auch einen Kindergartenplatz!«

Als ich sie das nächste Mal treffe, wirkt Hazal glücklich und traurig zugleich. »Weißt du, Anna, ich weiß nicht, ob ich so tolle Nachbarn noch einmal finde.« »Bestimmt«, sage ich und hoffe sehr, dass ich recht behalten werde.

4 LERNEN

»Ich komme mit die Asaban« – warum Deutschlernen vielen so schwerfällt

Auf der Suche nach einem Taufspruch für Leander, unseren Jüngsten, stieß ich im Internet auf diese Weisheit: »Das Glück ist wie ein Schmetterling/ Jag ihm nach und er entwischt dir/ Setz dich hin/ und er lässt sich auf deiner Schulter nieder.«

Sofort musste ich an Lana denken. Bis vor drei Jahren hatte ich für Schmetterlinge nicht viel übrig. Heute sind sie für mich untrennbar mit Nadjas ältester Tochter verbunden. Als ich Lana kennenlernte, hatte sie gerade begonnen zu sprechen. Während meiner Elternzeit besuchte ich sie etwa einmal die Woche. Schon unten an der Haustüre hörte ich sie immer laut »Anna, Anna« rufen, so werde ich auch von Nadjas Familie bis heute genannt. Während ich die steile Treppe in den dritten Stock hochstieg, erzählte sie mir schon ihr halbes Leben. Auf Kurdisch. Nadja dolmetschte, so gut es ging, aber manchmal schaute auch sie mich nur mit großen Augen an. »Lana spricht Kurdischdeutsch«, sagte sie dann. Ich verstand trotzdem nichts – bis Lana nach ein paar Wochen auf ihr T-Shirt zeigte, auf dem ein Schmetterling flatterte, und laut und deutlich »Schettaming« sagte, ihr erstes deutsches Wort.

Inzwischen ist sie fünf und spricht akzentfrei Deutsch, etwa so wie mein dreijähriger Sohn. Manche Verbformen und Präpositionen sind noch nicht ganz korrekt, doch sie versteht alles, was ich sage. Dass Kinder fremde Sprachen sehr schnell lernen können, ist keine neue Erkenntnis. Aber es live mitzuerleben war und ist für mich etwas ganz Besonderes. Obwohl ich selbst kaum etwas dazu beitrage, macht es mich wahnsinnig stolz und glücklich.

Ebenfalls keine neue Erkenntnis ist, dass sich Menschen mit zunehmendem Alter schwerertun, eine Fremdsprache zu erlernen. Aber dass es Lanas Eltern so schwerfallen würde, obwohl sie doch bei ihrer Ankunft in Deutschland erst Mitte zwanzig waren, hat mich überrascht. Auch wenn ich an dieser Stelle gern etwas anderes schreiben würde, muss ich objektiv feststellen: Ihr Deutsch hat sich in den vergangenen drei Jahren höchstens um Nuancen verbessert. Dafür, dass Nadja bis heute nie einen längeren Sprachkurs besucht hat (nur vor Lanas Geburt mal ein paar Wochen), spricht sie zwar gut Deutsch, wir können uns über alltägliche Dinge problemlos unterhalten. Doch wenn sie mir Whatsapp schickt, liest es sich, als schriebe mir ein Erstklässler: »Komme mit die Asaban« oder »Wie gets dia, hast du zeit diese brif lesen«. Oh Mann, denke ich dann oft, nach sieben Jahren müsste man doch wissen, wie man so einfache Wörter wie »S-Bahn«, »dir« oder »Brief« schreibt. Bei Jusuf sieht es mit den Deutschkenntnissen noch schlechter aus. Er ist quasi Analphabet. Einfache Dinge kann ich mit ihm besprechen, mehr aber auch nicht. Im Gegensatz zu Nadja hat er schon einen Integrationskurs mit sechshundert Stunden Sprachkurs und sechzig Stunden Orientierungskurs besucht.

Wie kann es sein, dass Nadja nach sieben Jahren im Land immer noch keinen Sprachkurs besucht hat? Warum spricht Jusuf so schlecht Deutsch, wenn er doch schon einen Integrationskurs gemacht hat? Warum können beide selbst einfache Wörter nicht richtig schreiben? Diese Fragen habe ich mir oft gestellt.

Für Nadjas Deutschkurs-Abstinenz gibt es mehrere Gründe. Zum Beispiel die Kinder. Nach Lana folgten in kurzem Abstand Tochter Mira und Sohn Arian. Zwar gibt es auch Deutschkurse mit Kinderbetreuung, aber für maximal ein Kind, nicht für zwei und schon gar nicht für drei. Zweite Hürde war die steile Treppe im alten Haus. Schon mit zwei Kindern ging Nadja nur selten allein vor die Tür. Auch zum nahe gelegenen Sprachcafé begleitete sie meistens Jusuf. Ich bot Nadja an, verschiedene Varianten zu üben, um mit den Kindern die Treppe hinunterzukommen (mit Tragegurt oder erst ein Kind runterbringen, dann das andere), doch noch bevor wir zum Üben kamen, verkündete sie mir die dritte Schwangerschaft. Nach Arians Geburt ging nichts mehr ohne Jusuf, weshalb auch er weder Vollzeit arbeiten noch neben seinem Minijob an einem Deutschkurs teilnehmen konnte (wobei das »können« hier natürlich Ansichtssache ist). Außerdem war sein Deutschkurskontingent inzwischen ausgeschöpft. Er musste sich also nicht nur um einen Kurs, sondern auch um eine Kostenübernahme kümmern.

Die Zeit für Nadjas ersten Deutschkurs sehe ich gekommen, als Arian ein Jahr alt ist und wir endlich einen Kindergartenplatz für Lana und einen Krippenplatz für Mira gefunden haben. Doch noch bevor wir einen Sprachkurs mit Kinderbetreuung finden können, zieht die Familie um. Die Treppe ist zwar jetzt weg, ein Aufzug da, doch dafür dauert der Weg zu Kindergarten und Krippe nun eben 45 Minuten mit dem Bus. Ich erkläre ihr, dass es nicht so einfach sein wird, in der Nähe neue Plätze zu finden. Doch Nadja hört nicht auf mich. Und so geht Mira, die Mittlere, bald nicht mehr in die Krippe.

Immerhin: Für Lana findet Nadja allein einen Kindergartenplatz nur ein paar Hundert Meter von der neuen Wohnung entfernt. Aber sie hat jetzt wieder zwei Kinder zu Hause, ein ganzes weiteres Jahr. Also wieder kein Deutschkurs. Nadja ist selbst traurig darüber. »Weißt du, ich habe mich auch gefreut«, sagt sie zu mir. »Ich will raus aus der Wohnung, nicht immer nur Kinder, Kinder, Kinder.« In Momenten wie diesen sind wir uns schnell wieder nahe. Ich kann sie so gut verstehen. Ich an ihrer Stelle würde verrückt werden. Gleichzeitig kann ich nicht verstehen, warum sie Mira dann nicht trotz all der Mühen in die Krippe bringt.

Inzwischen, da ich meinen Horizont um zwei interkulturelle Seminare erweitert habe, kann ich besser nachvollziehen, warum. Weil ich, wie Sozialpädagogen es gern formulieren, meine Umwelt, meine Mitmenschen, Nadja und mich selbst durch die Brille meiner eigenen kulturellen Prägung sehe. Anders gesagt: Weil ich von mir auf andere schließe. Ich bin in einer Gesellschaft aufgewachsen, in der das Individuum im Vordergrund steht. Meine Eltern haben mich als selbstbewusste Frau erzogen. Ich komme sehr gut allein zurecht, auch in Stresssituationen. Nadjas Selbstvertrauen ist mit meinem nicht vergleichbar. Sie ist in einer kollektivistischen Gesellschaft groß geworden, in der das Wir mehr zählt als das Ich. Sie hat früh gelernt, eigene Bedürfnisse unterzuordnen, der Familie zu dienen. Dass sich die Mutter um die kleinen Kinder kümmert, ist in ihrer Kultur selbstverständlich, Kindergärten oder gar Krippen gibt es auf dem Land nicht. Selbst wenn sie gerne einen Deutschkurs besuchen würde, kann sie ihre Interessen nicht über die der Familie stellen.

Was ich inzwischen auch weiß: Diese Brille ist so stark, dass wir das Verhalten einer Person oft vorschnell mit ihrem kulturellen Hintergrund begründen. Kommt beispielsweise eine

Spanierin zu spät zur Teamsitzung um 9 Uhr, denken wir: »Typisch Spanier.« Dass die Verspätung auch einen anderen Grund haben kann, zum Beispiel dass die Frau ihr Kind erst um 9 Uhr in den Kindergarten bringen kann, blenden wir bei der ersten Analyse der Situation oft aus.

Seit ein paar Monaten geht nun auch Mira in den Kindergarten, und Nadja hat endlich einen Platz in einem Integrationskurs mit Kinderbetreuung für Arian ergattert. Zuvor musste sie eine Kostenbefreiung beantragen, denn da ihr Asylantrag immer noch nicht entschieden ist und sie schon länger hier ist, hat sie keinen Rechtsanspruch auf einen Deutschkurs.

So wie Nadja ergeht es ziemlich vielen Frauen, die ich kennengelernt habe. Sie wollen unbedingt Deutsch lernen, aber die Hürden sind hoch. Nicht mehr so gewaltig wie noch vor ein paar Jahren, aber niedrigschwellig sieht anders aus. Vor allem mangelt es an Sprachkursen für bestimmte Gruppen, etwa Frauen, Eltern oder Analphabeten. Zum Teil hat dieser Mangel auch gute Gründe: Einige Sprachkursanbieter haben sich inzwischen bewusst gegen eine begleitende Kinderbetreuung entschieden, da die Kinder jedes Mal, wenn der Sprachkurs endet, wieder einen Beziehungsabbruch erleben. Sie müssen raus aus der Betreuung, Platz machen für die nächsten Kinder. Auch die Kostenübernahme ist bei allen, die nicht aus den derzeit priorisierten Top-5-Ländern Syrien, Irak, Iran, Eritrea oder Somalia kommen, also keine hohe Bleibeperspektive haben, oder ein Kursniveau über B1 besuchen wollen, kompliziert und oft langwierig (B1 ist die dritte von insgesamt sechs Niveaustufen einer Klassifizierungstabelle für europäische Sprachen). Hazal etwa sollte für einen dreieinhalb Monate dauernden B2-Kurs 1980 Euro bezahlen. Aus eigener Tasche? Keine Chance. Sie hatte Glück: Die Agentur für Arbeit stellte ihr einen Bildungsgutschein aus – keineswegs eine Selbstverständlichkeit.

Zur zweiten Frage: Warum spricht Jusuf so schlecht Deutsch, wenn er doch schon einen Integrationskurs besucht hat? Das liegt zum einen daran, wie die Kurse organisiert sind. Kursanbieter sind private oder öffentliche Träger, etwa Volkshochschulen oder private Sprachschulen. Dort sitzen die Kursteilnehmer oft in viel zu großen Klassen und werden von unterbezahlten Lehrkräften unterrichtet. Die Dozenten, die eine spezielle Zulassung des BAMF benötigen, werden in der Regel auf Honorarbasis beschäftigt – für 35 Euro die Stunde (bis 2016 waren es sogar nur 23 Euro). Sie müssen Renten- und Krankenversicherung selbst bezahlen und Geld für unbezahlte Urlaubs- und Krankentage zurücklegen. Angesichts steigender Flüchtlingszahlen ist die Nachfrage nach Dozenten in den vergangenen Jahren stetig gestiegen. Doch qualifizierte Lehrer sind rar.

Auch das Niveau in den Klassen ist extrem unterschiedlich. Menschen wie Jusuf sitzen dort neben Ingenieuren aus Spanien. Traumatisierte lernen mit Hochmotivierten. Es ist, als säßen Abiturienten und Erstklässler im selben Klassenzimmer und müssten am Ende dieselbe Prüfung bestehen. Dass am Ende nur knapp zwei Drittel der Teilnehmer eines Integrationskurses mit Niveau B1 bestehen, ist da kein Wunder. Sie verfügen dann, wie es so schön heißt, über »Sprachkenntnisse zur Bewältigung von Alltagssituationen ohne Hilfe Dritter«. Dieses Niveau ist notwendig, um die deutsche Staatsbürgerschaft zu erlangen. Dass die Integrationskurse reformiert und ausgebaut werden müssen, sagen fast alle Sprachlehrer, mit denen ich gesprochen habe.

Einer von ihnen ist Johannes Pflaum. Der 48-Jährige entwickelt seit zwanzig Jahren Deutschkurskonzepte für Geflüchtete mit sozialpädagogischer Begleitung. Er kritisiert vor allem, dass es zu wenig Alphabetisierungs- und Anfängerkurse gibt und nur Flüchtlinge mit hoher Bleibeperspektive beim BAMF solche Kurse beantragen dürfen. Die Genehmigungen dauerten außerdem oft zu lange. Die Folge: »Viele Flüchtlinge sitzen monatelang herum, bekommen ein paar Stunden Deutschunterricht von Ehrenamtlichen. Doch auch wenn die Helfer noch so engagiert sind: Nicht alle Ehrenamtlichen sind geborene Deutschlehrer – selbst pensionierte Deutschlehrer nicht«, sagt Pflaum. Gerade für die ganz unteren Stufen brauche es geschultes Personal. Die Gefahr, dass Flüchtlinge sonst frustriert und überfordert hinschmissen, sei groß. »Einem Analphabeten das ABC beizubringen ist schwieriger, als man denkt. Dafür gibt es sogar für ausgebildete DAF-Lehrer Extra-Schulungen.« Zielführender sei es in diesen Fällen, den Flüchtlingen ganz praktische Hilfe zu leisten, etwa beim Einkaufen im Supermarkt oder beim Arztbesuch.

Pflaum kann auch meine dritte Frage beantworten, warum Nadja und Jusuf selbst einfachste deutsche Wörter nach sieben Jahren nicht richtig schreiben können. Grundsätzlich gilt: Je länger die Wartezeit bis zum ersten Deutschkurs, desto höher auch die Wahrscheinlichkeit, dass sich Flüchtlinge ihre ersten Brocken Deutsch von Landsleuten oder anderssprachigen Asylbewerbern im Heim aneignen – die ebenfalls nur gebrochen Deutsch sprechen. Artikel, Vorsilben oder Endungen werden vernachlässigt, einzige Verbform ist der Infinitiv. Besser als nichts, könnte man meinen, aber Pflaum widerspricht. »Wenn die Flüchtlinge sich in für sie ausreichender Form verständlich machen können, verfestigen sich die Übergangsformen recht schnell. Und sich falsches Deutsch abzugewöhnen ist so schwierig, wie mit dem Rauchen aufzuhören.« Dabei sei es egal, wie gebildet der Sprecher sei. Schuld daran sei die Funktionsweise des Gehirns. Wie Urzeittiere ins Gestein prägen sich falsche Artikel und Verbformen in unser

Sprachzentrum. »Fossilierter Sprachgebrauch« nennt Pflaum das. In Nadjas Kopf ist also »dia« eingemeißelt. Daraus ein »dir« zu machen, gelingt nur mit größter Anstrengung – auch wenn Nadja das Wort »dir« schon allein in meinen Whatsapp Hunderte Male gelesen haben muss. Was man gegen solch tief sitzende Fehler tun kann? »Auf jeden Fall nicht jeden Fehler korrigieren, nur wenn der Sinn ein anderer ist«, sagt Pflaum. »Zu viel Korrektur hemmt die Sprache.« Wichtig sei: Erst aussprechen lassen, dann korrigieren. »Aber man muss auch ehrlich sein: Selbst wenn wir aus den Integrationskursen die besten Kurse der Welt machen, wird es Menschen geben, die mit sechshundert Stunden nie auf B1-Niveau kommen werden.« Die Haken ist nämlich häufig noch ein anderer.

»Anna, ich verstehe nicht« – von der Schwierigkeit, das Lernen zu lernen

»Weißt du, was das Problem ist?«, fragt mich Hazal, nachdem ich ihr bestimmt schon zum zehnten Mal erklärt habe, wie man Zahlen abrundet. »Ich habe nie gelernt, wie man lernt.« Die Einsicht erstaunt mich. Wir lernen erst seit ein paar Wochen Mathe, damit Hazal irgendwann den Mittelschulabschluss schaffen kann, aber sie hat recht: Wie erkennt man, was wichtig ist und was nicht? Wie wiederholt man sinnvoll, damit man etwas behält? Wie schafft man es, Dinge zu übertragen, sie nicht nur auswendig zu lernen? All das weiß Hazal nicht. Sprachlich ist sie auf B1-Niveau, kann sich also laut Klassifizierungstabelle »einfach und zusammenhängend über vertraute Themen und persönliche Interessengebiete äußern«.

Mathe gehört definitiv nicht dazu. Die Grundrechenarten beherrscht sie zwar bis hundert, doch von Wörtern wie »Zähler«, »Nenner«, »Subtraktion« oder »Addition« hat sie noch nie etwas gehört – zumindest nicht auf Deutsch.

Da ich wieder Vollzeit arbeite und Hazal nicht weit von meiner Arbeit entfernt wohnt, kommt sie einmal in der Woche in der Mittagspause zum Mathelernen. Wir folgen keinem Lehrbuch, Hazal will vor allem Bruch- und Prozentrechnen lernen, weil sie das für einen Einstufungstest zum Mittelschulabschluss braucht. Jedes Mal wenn der Pförtner mir Hazal ankündigt, beginne ich hektisch zu googeln: »Arbeitsblatt und Prozentrechnen«, »gemeinsamer Nenner und Übungen« oder »Brüche addieren und Lösungen«. Ich bin zwar wie Hazal besten Willens, und Mathe mochte ich früher ganz gern, doch ich habe keine Ahnung, wo ich anfangen muss, um Hazal zu erklären, was ein Grundwert ist.

Legen wir los, verzetteln wir uns meistens schnell. Eigentlich soll »nur« ein Bruch addiert werden, doch dafür müssen beide Brüche ja auf einen gemeinsamen Nenner gebracht werden. Wie ging das noch mal? Wie kürzt man Brüche? Und wie schreibt man einen Bruch als Dezimalzahl? All diese Fragen tauchen plötzlich auf. Schwups, ist die Stunde um. Langsam und mühsam kommen wir zwar voran, doch dann ist mal ein Kind krank, ein Urlaub steht an, und schon können wir wieder fast von vorn anfangen. Weil wir die Nachhilfe nicht schon wieder ausfallen lassen wollen, lernen wir manchmal sogar mit Kind – oder Kindern. Während mein sieben Monate alter Sohn am Boden robbt und Hazals sechsjährige Tochter malt, versuche ich Hazal zu erklären, was ein kleinster gemeinsamer Nenner ist. Sie schüttelt immer nur den Kopf. »Anna, ich verstehe nicht.« Nach einer Stunde sitzen wir beide erschöpft am Tisch. Es ist zum Heulen und zum Lachen. Wir entscheiden uns für Letzteres. Wirklich weiter kommen wir so nicht.

Ich melde mich bei der Lernpaten-Akademie für den Kurs »Kinder und Jugendliche in Mathematik unterstützen« an. Ich erwarte nicht wirklich viel, doch die dreistündige Nachhilfe in Nachhilfe öffnet mir in vielerlei Hinsicht die Augen. Um besser nachvollziehen zu können, wie schwierig es für Nicht-Muttersprachler ist, eine Textaufgabe zu verstehen, sollen wir folgende Aufgabe lösen:

> Suppose your job is to write the page numbers on a book manuscript. You start with page 1 (no Roman numerals) and you write 1926 digits. How many pages are in the manuscript?

Die Übung veranschaulicht, dass man in Mathe jedes, wirklich jedes Wort verstehen muss, um eine Aufgabe richtig zu lösen. Wer nicht weiß, dass »digits« Ziffern sind, hat kaum eine Chance. Für die typischen Mathe-Formulierungen »Berechnen Sie«, »Prüfen Sie«, »Ermitteln Sie« erhalten wir eine Übersetzungshilfe, für Textaufgaben eine genau Vorgehensanleitung.*

Was mich allerdings wirklich erschüttert, ist diese Zahl: Innerhalb von fünf Tagen vergessen wir siebzig Prozent des Erlernten. Kein Wunder, dass Hazal und ich immer wieder von vorn anfangen. Vor allem durch diese Zahl reift in mir die Erkenntnis: Ich habe zu wenig Zeit, um Hazal ausreichend beim Mathelernen zu unterstützen – erst recht nicht, seit sie nicht mehr in der Nähe meiner Arbeitsstelle wohnt. Ich muss ver-

---

* Die Lösung zur Aufgabe oben und die Vorgehensanleitung für Textaufgaben finden Sie im Anhang.

suchen, ihr einen neuen Nachhilfelehrer zu vermitteln. Einen, der mehr Zeit hat als ich.

Ähnlich erhellend war der Kurs »Deutsch vermitteln«, den ich ein paar Wochen zuvor besucht habe. Dort habe ich gelernt: Der Mensch behält von dem, was er liest, zehn Prozent; von dem, was er hört, zwanzig Prozent; von dem, was er sieht, dreißig Prozent; von dem, was er erklärt oder nacherzählt, siebzig Prozent; und von dem, was er selbst tut, neunzig Prozent (deshalb können übrigens weder Kinder noch Erwachsene mit dem Fernseher eine Sprache richtig lernen). Am besten ist es also, mit mehreren Sinnen zu lernen, zum Beispiel mit dem Fliegenklatscherspiel. Hier seien alle immer mit Feuereifer dabei, weiß die Dozentin vom Goethe-Institut zu berichten. Selbst vollverschleierte Frauen sprinteten mit einer Fliegenklatsche in der Hand los, um am anderen Ende des Raums auf einen lachenden oder traurigen Smiley zu schlagen – je nachdem, ob der deutsche Satz, den sie gerade gehört haben, korrekt war oder nicht. Vor allem die Bewegung gefalle den Frauen. Außerdem erfahre ich in diesem Seminar, dass eine ganze Seite mit Aufgaben ungeübte Lerner erschlägt. Dass eine gepunktete Linie nicht für jeden als zu füllende Lücke erkennbar ist. Oder dass oft unklar ist, dass von zwei leeren Kästchen eines angekreuzt werden muss.

Zwei Dinge muss ich an dieser Stelle konstatieren. Erstens: Ich hätte die beiden Lernseminare früher besuchen sollen. Zweitens: Meine Erwartungen bezüglich der Lerngeschwindigkeit von Hazal und Nadja waren viel zu hoch. Andererseits: Es gibt sie ja wirklich, die Wunderschüler. Ich habe sie persönlich kennengelernt.

Im Schnelldurchlauf zum Schulabschluss – die Integrationspioniere von der Schlau-Schule

Am letzten Tag vor den Sommerferien 2013 steht Farid auf dem Balkon eines Münchner Jugendzentrums und sieht aus, als könne er nicht fassen, was er da in Händen hält. Von unten jubeln ihm die anderen zu. Aus den Boxen dröhnt orientalische Musik. Dann macht Farid einfach das, was seine Mitschüler neben ihm tun: Er wedelt mit dem Papier in der Luft, das man ihm soeben überreicht hat, und lächelt. Farid Hirsi steht darauf, aus Somalia, Geburtsjahr 1993, Qualifizierender Mittelschulabschluss, Note 1,5.

Als Farid drei Jahre zuvor im Alter von 17 Jahren in Frankfurt ankam, kannte er sich besser mit Waffen aus als mit dem Alphabet. Sein Vater war im Bürgerkrieg gestorben, als Farid noch ein Kind war, die Mutter hatte neu geheiratet und ihre beiden Söhne zu einem Onkel geschickt. Mit 16 wurde Farid von Rebellen in ein Trainingslager verschleppt. Seine Berufsaussichten: Pirat, Rebellenkämpfer oder Selbstmordattentäter.

Dass er in München seinen qualifizierenden Mittelschulabschluss, kurz: seinen Quali, machen konnte, verdankt er seinem älteren Bruder, der als Pirat für die Rebellen Geld eintreiben musste. Von der Beute hielt der Bruder stets einen Teil zurück. »Wenn ich genug zusammenhabe, fliehen wir«, versprach er. Als Farid 17 war, bestiegen sie ein überfülltes Boot nach Saudi-Arabien.

Michael Stenger heißt der Mann, der Farid die steile Karriere vom Analphabeten zum Quali-Absolventen ermöglicht hat – in drei statt normalerweise neun Jahren. Als ich Stenger im Sommer 2013 für eine Geschichte über minderjährige Flüchtlinge zum ersten Mal interviewte, staunte er selbst über die Leistung seiner Schützlinge. »Es haut mich immer wieder völlig von den Socken, was junge Menschen leisten können, wenn sie zum ersten Mal in ihrem Leben etwas leisten dürfen.«

Mehr als 1500 Flüchtlinge im Alter zwischen 16 und 25 Jahren hat Stenger in seiner Schlau-Schule – »Schlau« steht für »schulanaloger Unterricht« – schon zum Mittelschulabschluss oder zum Quali geführt. Abschlussrate: 95 Prozent. Eine Quote, von der so manche Hauptschule in Deutschland nur träumen kann. Dank solcher Spitzenergebnisse ist Stenger inzwischen zu einer Art Messias des Bildungswesens avanciert. Auch unter jungen Flüchtlingen ist er bekannt wie ein bunter Hund, alle wollen zu ihm. »Großer Mann, lange Haare«, so beschreiben sie ihn, wenn ihnen sein Name gerade mal wieder entfallen ist.

Dabei hatte Stenger nie vor, Integrationspionier zu werden. Seine Berufung fand er zufällig. In seine Sprachschule kamen immer wieder auch junge Asylbewerber. Schnell merkte er: »Die machen mir meine Kurse kaputt.« Zu unterschiedlich war das Niveau. Außerdem reichten die Sprachkurszertifikate, die die Flüchtlinge für die Teilnahme an seinen Deutschkursen bekamen, nicht für den Eintritt in den Arbeitsmarkt. Anstatt die Flüchtlinge jedoch einfach nicht mehr aufzunehmen, gründete er 2000 einen Trägerverein und bot Kurse für Jugendliche an, die ohne ihre Eltern nach Deutschland geflüchtet waren. 2004 wurde aus dem Projekt eine Schule, an der die Berufsschulpflicht erfüllt werden konnte. Seit 2011 wird die inzwischen staatlich anerkannte Schule nicht nur von der Stadt München, sondern auch vom Freistaat Bayern finanziert. Knapp vierzig nicht verbeamtete Lehrer – alle mit Qualifizierung in Deutsch als Zweitsprache oder Deutsch als Fremdsprache – unterrichten neben Deutsch Fächer wie Mathe, Ethik, Biologie, Kunst, Sport und Musik. Dabei geht es nicht nur um das Fach an sich, sondern auch darum, neues Selbstvertrauen zu gewinnen, nicht mehr mit gesenktem Kopf durchs Leben zu gehen, deutsche Gewohnheiten kennenzulernen. In vielen Kulturen ist zum Beispiel jeglicher Körperkontakt mit Fremden tabu. Durch den Sport lernen die Schüler, vor allem die Mädchen, wie viel Berührung hier normal ist, und kommen in der Turnhalle mit deutschen Schülern in Kontakt. Zusätzlich werden die Flüchtlinge von sieben Sozialpädagogen und Schulpsychologen betreut, die ihnen dabei helfen, ihren Alltag zu organisieren, zu Behörden zu gehen oder ihre traumatischen Erfahrungen zu verarbeiten.

Dass es die Flüchtlingsschule in München überhaupt gibt, ist die Folge einer Gesetzeslücke: Zwar gilt in Deutschland nach der UN-Kinderrechtskonvention für jeden das Recht auf Bildung, auch für Flüchtlingskinder. Ob diese in Deutschland aber zur Schule gehen dürfen oder sogar müssen, dafür gibt es kein bundesweit gültiges Gesetz. Je nach Bundesland wird dieses Grundrecht besser oder schlechter in die Praxis umgesetzt. In Bayern etwa endet die allgemeine Schulpflicht mit 16 Jahren, danach gilt die Berufsschulpflicht. Von dieser waren Asylbewerber und junge Flüchtlinge früher allerdings ausgeschlossen. Wer über 16 war, fiel durchs Raster. Doch obwohl Stenger, wie er selbst sagt, politisch und gesellschaftlich in den ersten zehn Jahren seines Engagements viel Prügel einstecken musste, überzeugte er 2011 sogar einen CSU-Politiker, den bayerischen Kultusminister Ludwig Spaenle. Ausgerechnet Bayern, oft für seine rigide Ausländerpolitik gescholten, führte daraufhin als einziges Bundesland eine Berufsschulpflicht für junge Flüchtlinge zwischen 16 und 21 Jahren ein – in Ausnahmefällen sogar bis 25 Jahren.

Inzwischen gibt es an der Schlau-Schule auch Nachsorgeprogramme für Alumni, also psychosoziale Unterstützung während der Ausbildungs- und Berufsschulzeit.

Zugespitzt könnte man sagen: Meine zu hohen Erwartungen sind Stengers Schuld. Oder besser gesagt Farids. Ich habe seine Wahnsinnsleistung zu sehr verallgemeinert.

Integration im Klassenzimmer – wie die Schulen Schule machen

Ein paar Wochen vor der Einschulung ihrer Tochter Rosin schreibt mir Hazal folgende Whatsapp:

> Ich habe im erste Schultag von Rosin Termin bei agantur für Arbeit 😑 14:27

> Dann frage unbedingt, ob du den Termin verschieben kannst, wegen der Einschulung deiner Tochter. Das geht sicherlich. 14:31

> Ich muss hingehen. Weil der Deutsch Kurs am 26.9. beginnt. 14:33

> Du musst den Termin verlegen! Einschulung ist sehr wichtig in Deutschland. Eigentlich gehen immer beide Eltern hin, sie nehmen sich sogar Urlaub dafür. 14:36

Einschulung der Tochter oder ein Termin beim Arbeitsamt? Für Deutsche wäre die Entscheidung sonnenklar. Nicht aber für Hazal. Solche banalen Fragen sind es oft, die sichtbar machen, wie verschieden unsere Kulturen sind, welch unterschiedliche Bedeutung manche Werte haben, zum Beispiel Bildung. Hazal hat im Irak drei Jahre lange eine Grundschule besucht. Zwanzig Schüler in einer Klasse, in den ersten beiden Reihen saßen die Jungs, in den hinteren die Mädchen. Eigentlich war die Schule kostenlos, doch damit der Lehrer von der Stadt aufs Land kommen konnte, benötigte er einen Fahrer. Umgerechnet zehn Euro im Monat musste jeder Schüler dafür bezahlen. Bei 18 eigenen Kindern viel Geld. Hazal und ihre Schwestern mussten die Schule deshalb nach drei Jahren verlassen. Wofür sollten sie auch mehr lernen? Sie würden ohnehin heiraten und zu Hause bleiben.

Rosin wird jetzt mindestens neun Jahre in die Schule gehen, wenn es gut läuft, sogar zwölf. Obwohl sie sehr gut Deutsch spricht, hat sie das letzte Jahr im Kindergarten noch einen Vorkurs zur Förderung der deutschen Sprache besucht. Sie geht in eine Ganztagsschule, in der sie vor dem Unterricht frühstücken kann, in der sie neben den normalen Schulfächern auch Schwimmen lernt, Taekwondo- oder Basketballkurse besuchen kann, Flöte und Theater spielt. Ab der zweiten Klasse kann sie sogar Geige, Bratsche oder Cello lernen.

Geschätzt dreihunderttausend geflüchtete Kinder und Jugendliche haben im Schuljahr 2015/16 einen Platz an deutschen Schulen gefunden. Wie so oft in der Flüchtlingsdebatte gibt es keine verlässlichen Zahlen, wie viele Flüchtlingskinder in welchen Schulen neu dazugekommen sind. Etwa ein Drittel aller Geflüchteten, die in den vergangenen beiden Jahren nach Europa kamen, sind minderjährig, mehr als die Hälfte ist unter 25. Mindestens zwei Drittel haben keinen Schulabschluss, an den sie hierzulande eine Berufsausbildung anschließen könnten. Viele können kaum lesen und schreiben.

Dreihunderttausend Kinder und Jugendliche – die Einwohnerzahl beispielsweise von Karlsruhe – mussten also innerhalb eines Schuljahrs in die Schulen integriert werden. Schnellstmöglich. Bestmöglich. Und mit extrem unterschiedlichem Bildungsniveau. Hier der Analphabet, da der Hochbegabte – vor allem deutsche Eltern waren vielerorts skeptisch, fürchteten Nachteile für das eigene Kind. Nicht ganz unbegründet, denn zu Beginn der Flüchtlingswelle, als es an vielen Schulen noch keine Übergangsklassen für Flüchtlingskinder gab, wurden sie auf normale Regelklassen verteilt. Für viele Lehrer war das eine echte Herausforderung. »Wenn es so weitergegangen wäre wie Anfang 2015, hätten wir das an den Schulen nicht mehr lange stemmen können«, sagt zum Beispiel Simone Fleischmann. »Du wolltest den einen an der Hand nehmen, dann fing er an zu weinen. Du wolltest die Tür zumachen, dann brüllte der andere, du konntest nichts mehr mit Musik machen, weil das auch wieder an irgendwas erinnerte. Feueralarm ging sowieso gar nicht. Uns Lehrern war schnell klar: Allein schaffen wir das nicht. Wir brauchen andere Professionen in der Schule, Drittkräfte wie Psychologen, Sozialarbeiter oder Dolmetscher.« Anfang 2015 war Fleischmann noch Schulleiterin einer Grund- und Mittelschule im bayerischen Poing, inzwischen ist sie Präsidentin des Bayerischen Lehrer- und Lehrerinnenverbands (BLLV). Andere Lehrer erzählen von eingeschüchterten deutschen Grundschülern, die sich in der Pause nicht mehr aufs Klettergerüst trauten, weil da schon die ellenbogenstärkeren Flüchtlingskinder saßen. Aber auch von Zweitklässlern, die Sätze sagten wie »Flüchtlinge sind gefährlich« oder »Die machen Deutschland kaputt«.

Doch egal mit wem man über das Schuljahr 2015/16 spricht, ob mit Lehrern, Verbänden oder Schulleitern, ob in Poing, Hamburg oder Jena – der Grundtenor ist: Es lief überraschend gut, allen Widrigkeiten zum Trotz. Während sich in den Erstunterkünften die Bewohner drängten und die BAMF-Mitarbeiter in Asylanträgen versanken, reagierten die Schulen in der Hochphase der Flüchtlingswelle pragmatisch: Überall im Land räumten sie ihre Turnhallen, Sportlehrer verlegten ihren Unterricht in den Park. Schüler nahmen die Neuen offen und neugierig in ihren Klassen auf. Lehrer besuchten an Wochenenden Fortbildungen zu Flüchtlingstraumata oder Deutsch als Fremdsprache, Kultusbeamte machten Überstunden, um neue Lehrpläne oder Unterrichtskonzepte zu ersinnen. Zahlreiche neue Lehrer und Sozialpädagogen wurden eingestellt. Es gab Hunderte Millionen Euro an zusätzlichem Geld. Allein Bayern machte für die Bildung 160 Millionen Euro im Nachtragshaushalt 2016 locker. Selbst Andreas Schleicher, Pisa-Koordinator bei der OECD (Organisation für wirtschaftliche Zusammenarbeit und Entwicklung) und für seine kritische Haltung gegenüber dem deutschen Bildungssystem bekannt, lobt »die enormen Kraftanstrengungen an deutschen Schulen«. Insgesamt hätten sich die schulischen Leistungen von Schülern mit Migrationshintergrund in den vergangenen Jahren deutlich verbessert.

Konkret sieht die Integration der Flüchtlingskinder in den meisten Bundesländern so aus: Bevor sie den normalen Unterricht besuchen, müssen sie Deutsch lernen. Wie sie das tun, ist von Bundesland zu Bundesland, manchmal sogar von Schule zu Schule verschieden. Je nach Land heißen die neuen Klassen Willkommens-, Vorbereitungs-, Übergangs- oder Auffangklasse. Die Kinder werden ein oder zwei Jahre entweder ganz in diesen Ü-Klassen unterrichtet – großer Nachteil daran ist, dass die Flüchtlinge lange unter sich bleiben – oder sind an eine Regelklasse gebunden, mit der sie beispielsweise Fächer wie Sport, Musik oder Kunst besuchen. In Bundesländern oder Gegenden mit weniger Flüchtlingen werden Schüler auch gleich in Regelklassen unterrichtet.

Fragt man Experten, welches Modell besser ist, sind die Antworten verschieden. Grundsätzlich einig sind sich alle nur darin: Je jünger die Kinder, desto mehr Sinn macht der Unterricht in der Regelklasse. Denn die Lernforschung hat gezeigt, dass junge Kinder eine Sprache am schnellsten lernen, wenn sie ins kalte Wasser, ins »Sprachbad«, geworfen werden und täglich Austausch mit Kindern ohne Migrationshintergrund haben. Der Bildungsökonom Ludger Wößmann rät deshalb: »Alle Kleinkinder sollten spätestens mit drei Jahren in die Kita gehen, Grundschulkinder von Anfang an in Regelklassen.« Damit in den Regelklassen dann nicht nur Kinder mit Migrationshintergrund zusammenhockten, sei außerdem besonders in den Städten eine gleichmäßig Verteilung der Flüchtlinge von großer Bedeutung.

Nach etwa einem Jahr intensiven Deutschlernens sollen auch die Zuwanderer aus den Ü-Klassen bereit sein für den normalen Unterricht – so zumindest die ursprüngliche Erwartung vieler Bundesländer. Sie sollen das Niveau B1 erreichen, um dem Fachunterricht folgen zu können. Doch die Praxis zeigt: Ein Jahr Förderunterricht genügt selbst den schlauesten und fleißigsten Flüchtlingskindern oft nicht. Vor allem Jugendliche brauchen weit länger, um in einer völlig fremden Sprach- und Schulkultur einigermaßen mitzukommen. Denn der Übergang von der Alltagssprache zur Bildungssprache gilt als eine der größten Hürden. Das habe ich auch bei Hazal gemerkt.

OECD-Mann Schleicher ist trotzdem gegen Ü-Klassen. »Ich kann gut nachvollziehen, warum man an deutschen Schulen macht, was man macht, aber wir wissen inzwischen: Eine Sprache lernt man am besten zusammen mit Muttersprachlern, egal in welchem Alter.« Das Unterrichten von Flüchtlingskindern werde in Deutschland häufig noch als Aufgabe von Spezialisten wahrgenommen. »Langfristig müssen wir aber alle Lehrer für die Diversität der Schüler qualifizieren.«

Von der Realität zur Normalität – warum wir unser Bildungssystem neu denken müssen

Mit dem Übergang der Flüchtlingskinder in die Regelklassen steht die größte Herausforderung allerdings erst noch bevor. Die Qualifizierung der Lehrer ist dabei nur eine von vielen Stellschrauben, an denen im Schulwesen gedreht werden muss. Weitere Baustellen sind der Religionsunterricht (warum nicht ein Religionsunterricht für alle, in dem sich evangelische, katholische und muslimische Lehrer abwechseln?), die Herkunft der Lehrer (nur etwa sechs Prozent der Lehrer kommen aus Zuwandererfamilien) oder eine bessere Chancengleichheit (Deutschland liegt im Vergleich mit anderen OECD-Ländern seit Jahren auf einem hinteren Platz). Denn dass sich die Schulen in Deutschland durch die Flüchtlingsherausforderung grundlegend wandeln werden und müssen, steht für die allermeisten Bildungsexperten außer Frage. »Vielfalt ist an deutschen Schulen längst Realität, aber sie ist noch keine Normalität. Wir sollten die Ankunft der Flüchtlinge nutzen, um das nach wie vor bundesweite Problem der ungleichen Bildungschancen endlich mit Nachdruck anzugehen«, sagt zum Beispiel Simon Morris-Lange, Bildungs- und Migrationsforscher beim Sachverständigenrat deutscher Stiftungen. Zwar hängen Schüler mit Migrationshintergrund in den allermeisten Ländern deutlich hinterher – das hat zuletzt die PISA-Studie 2016 wieder gezeigt. Allerdings macht zum Beispiel Kanada vor, dass es auch anders geht: Dort bringen einheimische Schüler und solche mit ausländischen Wurzeln nahezu identische Leistungen. Und sehr gute im internationalen Vergleich obendrein.

Deutschland hat bei der Chancengleichheit zwar etwas aufgeholt, doch die Segregation an deutschen Schulen schreitet weiter voran. Als segregiert, also entmischt, gilt eine Schule, wenn mehr als die Hälfte der Schüler eine Einwanderungsgeschichte haben. So wie bei Rosin, Hazals Tochter. In ihrer Klasse haben zwölf von dreiundzwanzig Kindern ausländische Wurzeln. In den deutschen Großstädten besuchen knapp siebzig Prozent der Grundschüler mit ausländischen Wurzeln eine solche entmischte Schule.

Problematisch ist das vor allem, weil häufig gerade diese Schulen Gefahr laufen, in eine Abwärtsspirale zu geraten: Die erfolgreicheren Migrantenkinder sowie Kinder aus deutschen Familien, die im Viertel leben, werden von ihren Eltern in »bessere« Schulsprengel eingeschleust. An der Kepler-Schule etwa, einer Sekundarschule in Berlin-Neukölln, mussten Plätze immer wieder mit Schülern aufgefüllt werden, die woanders nicht angenommen wurden, weil sich dort nicht genügend Siebtklässler anmeldeten. Die Schule wurde zum Auffangbecken für schwierige Schüler.

Um diese Spirale aufzuhalten, reicht es nicht aus, in Vierteln mit vielen Einwanderern die Qualität der Schulen auf ein Durchschnittsniveau zu heben. Auch Versuche, Schülergruppen mithilfe von Bildungsgutscheinen oder Buszubringersystemen zu mischen, waren bislang wenig erfolgreich. »Um die leistungshemmenden Effekte von schulischer Segregation abzumildern, müssen wir die Lernmöglichkeiten an solchen Schulen gezielt verbessern«, sagt Morris-Lange. Anders gesagt: Die schwächsten Schüler brauchen die stärksten Schulen. »Davon sind wir leider noch weit entfernt.«

Leuchtturmbeispiele gibt es allerdings schon. Die Rütli-Schule beispielsweise. Ein Brandbrief überforderter Lehrer machte die Berliner Hauptschule 2006 zum Inbegriff misslungener Integration. Inzwischen hat sich die Problemschule zum Vorzeigecampus gewandelt, auf dem es auch viele Schüler ohne Gymnasialempfehlung bis zum Abitur schaffen. Auch die Neuköllner Kepler-Schule soll sich zur Musterschule wandeln. Zusammen mit neun anderen Berliner Schulen ist sie im Programm »School Turnaround«. Wegen ihres besonders großen Förderbedarfs bekommen diese Schulen deutlich mehr finanzielle Unterstützung und einen Schulentwicklungshelfer zur Seite gestellt.

Ein grundlegendes Problem ist jedoch, dass es für eine intensivere Betreuung an deutschen Schulen nicht genügend qualifizierte Lehrer gibt. Der Bedarf schwankt je nach Schätzung zwischen 10 000 und 24 000 zusätzlichen Stellen. Doch der Markt für Grund-, Mittel- und Berufsschullehrer ist leer gefegt. Auch Sozialpädagogen ohne Job gibt es in Deutschland kaum noch. Manche Bundesländer haben deshalb pensionierte Pädagogen angeschrieben, andere versuchen, Realschul- und Gymnasiallehrer umzuschulen, wieder andere haben die Einstellungsvoraussetzungen gesenkt.

Simone Fleischmann vom BLLV sieht außerdem noch ein ganz anderes Problem an deutschen Schulen: zunehmende Aggressivität in der Sprache und in den Umgangsformen. »Wir erleben eine Sprache des Hasses, der Geringschätzung und Diskriminierung«, sagt Fleischmann. In der Pflicht sieht sie dafür unter anderem die politisch Verantwortlichen. Viele seien sich überhaupt nicht dessen bewusst, was sie anrichteten, wenn sie von »Volksverrätern« oder »Schwarzen in Lederhose« sprächen. »Und im Internet geht's ja noch schlimmer zu. Die Kinder reden den Quatsch völlig unreflektiert nach.« Besonders Acht- und Neuntklässler seien da sehr anfällig. Die Gefahr der Rechtsradikalisierung sei groß. »Wir sollten uns bewusst sein: In der Schule von heute sitzt die Gesellschaft von morgen.«

5 ARBEITEN

»Wir wollen arbeiten, unbedingt!« – warum manche Neuankömmlinge es schaffen und andere nicht

Hätte ich vor drei Jahren voraussagen sollen, ob Nadja und Jusuf heute a) beide einen festen Job haben, b) einer von beiden einen festen Job hat, c) keiner von beiden einen festen Job hat, ich hätte auf b) getippt. Vielleicht sogar auf a). Denn an ihrer Motivation hatte ich damals keine Zweifel. Auch heute glaube ich ihnen im Grunde noch, wenn sie sagen: »Wir wollen arbeiten, unbedingt!« Und den Satz höre ich oft. Er war sogar einer der Gründe, warum ich Patin der Familie wurde. Ich dachte mir, wenn der Wille da ist, müsste es mit Unterstützung doch zu schaffen sein. Hätte, könnte, müsste – obwohl sie inzwischen seit sieben Jahren in Deutschland leben: Mehr als ein paar Minijobs für Jusuf und ein kleiner Putzjob für Nadja waren bislang nicht drin. Inzwischen besucht Nadja vormittags ihren Integrationskurs und betreut nachmittags die Kinder, Jusuf hat einen Minijob als Küchenhilfe in einem Nobelrestaurant gefunden (obwohl er eigentlich nicht mehr in der Küche arbeiten wollte). Am Vormittag besucht auch er einen Deutschkurs, zum wiederholten Mal A2.

Hazal und Jamil dagegen waren bereits unabhängig von staatlicher Hilfe, als ich sie kennenlernte. Beide arbeiteten, Jamil als Fahrer bei DHL, Hazal ging putzen. Heute besucht sie einen Deutschkurs (Niveau B2) und bereitet sich auf den Mittelschulabschluss vor.

Warum schafft es die eine Familie, sich selbst zu versorgen, und die andere nicht?

Eine wichtige Rolle spielt dabei die Bildung der Männer – und der Zeitraum, wie lange sie hier sind. Jamil kam 2000, noch vor dem Irakkrieg, Jusuf erst sechs Jahre später. Jamil ging im Irak zwölf Jahre zur Schule, Jusuf nur drei, danach arbeitete er im Gemüseladen seines Bruders. Jamil besaß schon im Irak den Führerschein, in Deutschland musste er ihn nur wiederholen. Bald danach fand er einen Job als Paketbote. Jusuf saß noch nie am Steuer eines Autos. Seit mehr als einem Jahr lernt er für den theoretischen Teil der Führerscheinprüfung – ohne ausreichende Deutschkenntnisse und Lesekompetenz keine leichte Aufgabe.

Der Bildungsgrad der Männer ist nicht nur für sie selbst und ihre Chancen auf einen festen Arbeitsplatz entscheidend. Er beeinflusst auch die Berufsaussichten ihrer Frauen. Würde man Jusuf und Jamil fragen, ob sie wollen, dass ihre Frauen eine Schule besuchen, eine Ausbildung machen, arbeiten, würden das zwar beide bejahen. Doch obwohl beide Männer im Haushalt helfen und sich auch um die Kinder kümmern, ist der Grad ihrer Unterstützung sehr unterschiedlich: Nadja würde zum Beispiel gern als Kinderpflegerin arbeiten. Allerdings fehlt ihr dazu nicht nur die Ausbildung, sondern auch ein Schulabschluss. Wie gut, dass die Stadt München ein Programm speziell für Frauen wie sie entwickelt hat, das beides miteinander verbindet, Ausbildung zur Kinderpflegerin plus Schulabschluss. Einzige Bedingungen: vierhundert Stunden

Praktikum vorab und ausreichend Deutschkenntnisse. Arian, das dritte Kind, ist sechs Monate alt, als wir das Praktikum in Angriff nehmen wollen (wobei rückblickend betrachtet statt »wir« wohl eher »ich« stehen müsste). Bis zum Start des neuen Ausbildungsjahres sind es noch zehn Monate. Mit zehn Stunden Praktikum pro Woche könnte Nadja die vierhundert Stunden schaffen. Die beiden Mädchen sind inzwischen in Kindergarten und Krippe untergekommen. Ihren Sohn will Nadja zum Praktikum mitnehmen. Ich sage ihr, dass das nicht gehen wird. Jusuf, zu der Zeit Gelegenheitsspüler in einem Biergarten, willigt ein, auf den Sohn aufzupassen. Nach etlichen Telefonaten finde ich eine Elterninitiative, die Nadja ein Praktikum anbietet: zweimal fünf Stunden in der Woche. In vierzig Wochen hätte Nadja die vierhundert Stunden beisammen. Euphorisch rufe ich Nadja an: »Du kannst anfangen!« Am anderen Ende der Leitung: Stille. Irgendwann sagt sie: »Anna, weißt du, fünf Stunden sind zu lang für Jusuf. Er hat Angst, dass Arian weint.« »Wollt ihr es nicht wenigstens versuchen?«, frage ich, obwohl ich die Antwort schon kenne. Ich verhandle also noch mal, die Elterninitiative berät erneut. Das Ergebnis: zwei Stunden an fünf Tagen. Wieder rufe ich Nadja an, um ihr die frohe Botschaft zu verkünden. Wieder ist sie seltsam zurückhaltend. Wenig später ruft sie mich zurück: »Er sagt, zwei Stunden sind auch zu lang.« Ich möchte schreien, heulen, ins Telefon beißen. Stattdessen sage ich: »Aber Nadja, mein Mann schafft das doch auch!«

Ein paar Tage später, als mein größter Ärger verflogen ist, wird mir klar, welchen Fehler ich begangen habe: Ich muss erst Jusuf einen Job suchen, dann Nadja. Jusuf hat zwar nichts dagegen, dass seine Frau auch zum Familieneinkommen beiträgt, doch die Familie versorgen – das will er selbst. Seine angebotene Unterstützung? Vermutlich reine Höflichkeit.

Anders bei Hazal. Jamil unterstützt seine Frau dabei, dass sie einen richtigen Beruf erlernen kann, er sagt ihr, dass sie sich lieber aufs Lernen konzentrieren soll, statt am Wochenende noch zu jobben. Er weiß den Wert von Bildung zu schätzen. Das wirkt sich auch auf Hazal aus. Sie hat inzwischen schon zwei Praktika gemacht, bei Rossmann und bei Tchibo – und ein Jahr »mona lea«, ein Münchner Orientierungs- und Qualifizierungs-Netz für arbeitssuchende Migrantinnen. Der zwölfmonatige Lehrgang der Münchner Volkshochschule ist ein Musterbeispiel dafür, wie Integration mit gezielter Förderung gelingen kann. Seit 2008 bereitet »mona lea« jedes Jahr hundert Migrantinnen aus mehr als vierzig Ländern auf den Arbeitsmarkt oder die Ausbildung vor. Während der Nachwuchs im Kinderhaus der Volkshochschule betreut wird (wie bei den Deutschkursen gilt auch hier: ein Kind pro Frau), lernen die Mütter Deutsch, Mathe, den Umgang mit Computern oder wie man einen Lebenslauf schreibt.

Dass Jamil und Jusuf ihre Frauen unterschiedlich unterstützen, soll nicht heißen, dass die Männer allein für das Fortkommen ihrer Frauen verantwortlich sind. Stellen sie sich allerdings quer oder verweigern die Mitarbeit, wird es für viele Frauen sehr schwer, neben Familie und Haushalt irgendwelche Qualifikationen zu erlangen.

Der Vergleich zwischen Nadja und Hazal zeigt außerdem, dass es für junge Frauen einen großen Unterschied macht, ob sie zwei, drei oder noch mehr Kinder haben. Oft geben Neuankömmlinge ihre Kinder nicht in die Krippe oder finden keinen Platz, da sie ja noch keinen Arbeitsplatz oder eine Ausbildung haben. Auf den Wartelisten der Krippen stehen sie deshalb nicht ganz oben. Heißt: Viele Mütter sind durch jedes zusätzliche Kind drei weitere Jahre an zu Hause gebunden. Gerade in den entscheidenden Jahren zwischen zwanzig und fünfunddreißig, wenn die Frauen noch eine Ausbildung machen könnten, ist das eine lange Zeit. Hazal hat zudem den großen Vorteil, dass sie Verwandte hat, die sich mit um die Kinder kümmern. In der alten Wohnung waren Schwägerin und Schwiegervater Dauergäste. Oft hüteten sie den Jüngsten, während Hazal einen Deutschkurs besuchte oder putzen ging.

Ein weiterer Unterschied zwischen Hazal und Nadja ist, dass Hazal die deutsche Staatsbürgerschaft hat und Nadja nicht. Sie kämpft immer noch darum, dass ihr Asylantrag überhaupt anerkannt wird. Warum er bei der einen anerkannt wird und bei der anderen nicht, obwohl beide der verfolgten Volksgruppe der Jesiden angehören und zur selben Zeit aus derselben Gegend nach Deutschland geflohen sind, ist mir bis heute ein Rätsel. Ich würde gern beim BAMF nachfragen, aber als Patin erhalte ich keine Auskunft. Die irakische Staatsangehörigkeit hält Nadja zwar nicht per se davon ab, einen Job zu suchen, aber Tatsache ist: Mit der deutschen Staatsbürgerschaft im Lebenslauf hat man es auf dem Arbeitsmarkt wesentlich leichter, und das gilt nicht erst seit dem Wegfall der Vorrangprüfung, von der später noch die Rede sein wird.

Noch mehr Schwierigkeiten als ihre irakische Staatsbürgerschaft bereitet Nadja allerdings ihre Religion. Oder ihre Kultur. Oder beides. Nadja will jedenfalls nicht mit fremden Männern zusammen arbeiten. Ihre Religion verbiete ihr das, sagt sie. Jusuf sage ihr zwar immer, sie solle sich deshalb keinen Kopf machen, auch ihr persönlich mache es nichts aus, mit Männern zusammen zu arbeiten, »aber ich will nicht, dass schlecht über mich geredet wird«. Deshalb auch ihr Berufswunsch: Kinderpflegerin, ein Beruf, in dem überwiegend Frauen arbeiten.

Obwohl also beide Frauen im Irak nur die Grundschule besucht haben, beide Mitte zwanzig waren, als sie nach Deutschland kamen, beide Jesidinnen sind und beide Kinder haben, sind sie im selben Zeitraum unterschiedlich weit gekommen. Bei Hazal bin ich zuversichtlich, dass sie ihren Mittelschulabschluss mit viel Wille und Lernen schaffen wird. Nadja ist noch weit davon entfernt. Auch bei Jusuf hat meine anfängliche Zuversicht stark nachgelassen. Zwar hat er über einen Bekannten den guten Job als Küchenhilfe ergattert, es handelt sich jedoch lediglich um einen Minijob. Ob daraus, wie Jusuf hofft, jemals ein Vollzeitjob wird? Ich weiß es nicht, aber ich bin froh, dass er ihn überhaupt angenommen hat. Ich habe ihm wieder und wieder erklärt, dass er sich erst in einem Minijob oder Praktikum beweisen muss, bevor er einen Vollzeitjob erhält.

Sieben beziehungsweise zehn Jahre in Deutschland und immer noch abhängig vom Staat – dass Nadja und Jusuf damit keineswegs die Ausnahme sind, stelle ich beim Blick auf die Statistik fest. Lediglich zehn Prozent der erwerbsfähigen Asylbewerber sind nach einem Jahr in Arbeit. Nach fünf Jahren hat die Hälfte einen festen Job, nach zehn Jahren sind es siebzig Prozent. Und ganze zwanzig Jahre dauert es, bis prozentual genauso viele Flüchtlinge* erwerbstätig sind wie Einheimische. Zwanzig Jahre!

Ob Daimler-Chef Dieter Zetsche diese Zahlen kannte, als er Ende 2015 in den Flüchtlingen eine »Grundlage für das nächste deutsche Wirtschaftswunder« sah? Dass die deutsche Wirt-

* Das Wort »Flüchtlinge« steht so in der Statistik. Es ist an dieser Stelle aber eigentlich nicht korrekt, denn nach zwanzig Jahren in Deutschland wird sich kaum ein ehemals Geflüchteter selbst noch als »Flüchtling« bezeichnen. Eine offizielle Regelung, ab wann ein Flüchtling kein Flüchtling mehr ist, gibt es zwar nicht, doch es ist sinnvoll, zum Beispiel ab dem Erhalt eines dauerhaften Aufenthaltsstatus nicht mehr von Flüchtlingen, sondern von Migranten zu sprechen.

schaft dringend zusätzliche Arbeitskräfte von außen braucht, ist unbestritten. 2016 blieben in Deutschland 43 500 Ausbildungsplätze in Handel, Industrie und Handwerk sowie Zehntausende Arbeitsstellen unbesetzt. Das Institut für Arbeitsmarkt- und Berufsforschung schätzt: Damit ausreichend junge Menschen künftig die Rentenkassen füllen, bräuchte Deutschland in den nächsten dreißig Jahren vierhunderttausend zusätzliche Arbeitskräfte – jedes Jahr. Die Flüchtlinge erschienen da anfangs wie ein unverhoffter Segen. Dax-Vorstände präsentierten sich als Verfechter der »Willkommenskultur«, Vertreter von Handwerkskammern gerieten ins Schwärmen. Post-Chef Frank Appel erkannte »Mehrwert für unser Land«, und Joachim Dercks, Hauptgeschäftsführer der Deutschen Industrie- und Handelskammer, warnte: »Wer gegen Migranten demonstriert, gefährdet die eigene Rente.« Die Wirtschaft ließ 2015 keinen Zweifel daran, dass sie das schaffen könne – egal, wie gut ausgebildet die Flüchtlinge seien, frei nach dem Motto: Wir können jeden gebrauchen, der was lernen will.

Tatsächlich ist es Deutschland in den vergangenen Jahren gelungen, Einwanderer immer besser in den Arbeitsmarkt zu integrieren. Sogar das Bayerische Innenministerium sieht in Flüchtlingen inzwischen nicht mehr nur Empfänger teurer Sozialleistungen, sondern auch potentielle Arbeitskräfte. Mussten Flüchtlinge früher oft jahrelang warten, bis sie arbeiten durften, haben sie heute schon nach drei Monaten Aufenthalt die Möglichkeit, sich eine Arbeit zu suchen – vorausgesetzt, sie kommen nicht aus einem sicheren Herkunftsland und erhalten die Erlaubnis der Ausländerbehörde.

Auch die vorgeschriebene Prüfung, ob es einen heimischen Bewerber für dieselbe Stelle gibt, die sogenannte Vorrangprüfung, wurde fast überall vorübergehend ausgesetzt. Ein zentraler Aspekt des überarbeiteten Integrationsgesetzes ist außerdem die sogenannte »3+2-Regelung«. Sie garantiert ausbildenden Betrieben mehr Planungs- und Rechtssicherheit. Statt wie früher alle sechs Monate um die Verlängerung der Duldung bangen zu müssen, erhalten Azubis jetzt eine Duldung für die gesamte Dauer der Ausbildung, also in der Regel für drei Jahre. Danach kann die Aufenthaltserlaubnis im Falle einer Festanstellung für zwei weitere Jahre verlängert werden. Übernimmt der Ausbildungsbetrieb den Lehrling nicht, erhält er für sechs Monate eine Duldung zur Arbeitsplatzsuche.

Trotz all dieser Maßnahmen ist die Euphorie vielerorts der Erkenntnis gewichen: Die Vermittlung von Flüchtlingen in den Arbeitsmarkt ist ein extrem langer, mühevoller und kostspieliger Prozess. Vermutlich dauert es heute nicht mehr zwanzig Jahre, bis die Erwerbsquote von Flüchtlingen so hoch ist wie die der Einheimischen, aber eben auch nicht nur zwei.

Putzen statt Jura – warum viele Flüchtlinge lieber arbeiten wollen, statt zu lernen

»Wir haben uns grob verschätzt«, räumte Jan Eder, Hauptgeschäftsführer der Industrie- und Handelskammer Berlin, Anfang 2016 ein. Jeder fünfte Flüchtling, der komme, sei laut Prognosen Analphabet. Belastbare Zahlen über das Bildungsniveau der Flüchtlinge gibt es bis heute nicht. Doch Schätzungen zufolge haben etwa dreißig Prozent gar keine Schule oder wie Nadja und Hazal nur die Grundschule besucht, etwa vierzig Prozent besitzen eine solide Schulbildung, doch auch sie können nicht sofort eingestellt werden. Der deutsche oder englische Sprachschatz ist bei vielen zu gering. Hinzu kommt, dass ein Syrer mit »engineer diploma« mit einem deutschen Ingenieur mitunter weniger gemein hat als ein Azubi mit einem Konzernchef. Ein »engineer diploma« erhält in Damaskus auch, wer bei Coca-Cola tagein, tagaus an einer Maschine steht und Flaschen kontrolliert. Klingt polemisch, ist aber ein Beispiel aus der Praxis.

Eigentlich müssten also fast alle arbeitsfähigen Flüchtlinge erst mal ein, zwei, drei, vier, fünf Lernjahre einlegen, um Deutsch zu büffeln, um einen Schulabschluss nachzuholen, um eine Ausbildung oder ein Studium zu vollenden. Viele tun das auch – mit einer Motivation, wie sie bei deutschen Schülern selten ist. Viele tun es allerdings auch nicht, denn lernen bedeutet: ein, zwei, drei, vier, fünf Jahre ohne nennenswerten Verdienst.

Ursula Zenker hat die Erfahrung gemacht, dass Schule für viele ihrer Schützlinge eine große Herausforderung ist. Fast jeden Tag steht einer bei ihr im Büro und sagt: »Ich geh da nicht mehr hin. Ich will arbeiten.« Die Diakonin ist eine von gut einem Dutzend Betreuern der Evangelischen Kinder- und Jugendhilfe Feldkirchen, ein Vorort von München. 76 unbegleitete minderjährige Flüchtlinge aus zwölf Ländern leben in dem ehemaligen Altenheim. »Dass gute Arbeit durch gute Bildung kommt, diesen Zusammenhang verstehen viele unserer Jungs leider nicht so schnell«, sagt Zenker. Geduldig versucht sie ihnen immer wieder klarzumachen, dass sich ein Schulabschluss auszahlt und dass man ohne einen solchen in Deutschland nicht weit kommt.

Doch oft ist es, das berichten mehrere Ausbilder oder Betreuer von jungen Flüchtlingen, als säßen unsichtbare Dritte mit im Raum. Anders als vor 25 Jahren, als Jugendliche aus Jugoslawien nach Deutschland kamen, die kaum noch Kontakt zu den Eltern hatten, lenken heute Familien die Karrieren ihrer Söhne via Skype und Facebook – oder versuchen es zumindest. »Was? Eine Ausbildung zum Einzelhandelskaufmann? Du hast hier doch schon zehn Jahre lang Sachen verkauft!« Oder: »Du hast doch ein Ingenieurs-Diplom, warum sollst du dann noch mal zur Schule gehen?«

In der Elektroinnung München weiß man von weinenden Müttern zu berichten, die das Leben ihrer Söhne in Gefahr sahen, als die ihnen am Telefon erzählten, sie würden eine Ausbildung zum Elektriker machen. »Elektrotechnik ist in den Heimatländern vieler Flüchtlinge ein sehr gefährlicher Job«, sagt Andreas Tremer. » Bei uns wird das Thema Arbeitssicherheit zwei Wochen lang im Unterricht behandelt. In Afghanistan bedeutet Arbeitssicherheit, dass es genug Arbeiter gibt, um den nächsten Toten zu ersetzen.« Sozialarbeiter Tremer leitet das FlüQuE-Programm, ein einjähriges Qualifizierungsprojekt für junge Flüchtlinge im Anschluss an die Schule. Es soll sie fit für eine Ausbildung zum Elektrotechniker machen, vor allem soll es ihnen die Fachbegriffe vermitteln, denn die Sprache, auch das sagen alle, mit denen man spricht, ist das Hauptproblem.

Von Zenkers Jugendlichen wollen viele ins Handwerk, zum Beispiel Schreiner werden oder Automechaniker. Einen Ausbildungsplatz zu finden ist zurzeit in vielen Bereichen ein Kinderspiel. Doch auf die Freude, jetzt endlich arbeiten zu dürfen, folgt am ersten Tag in der Berufsschule oft Ernüchterung. Auf dem Lehrplan stehen Dinge wie »verschleißbehaftete Baugruppen und Systeme instand setzen« oder »mechatronische Systeme des Antriebsmanagements diagnostizieren« – äh, bitte was? »Der Schulstoff an den Berufsschulen ist für Flüchtlinge wirklich ein harter Brocken«, sagt Zenker. Ohne zusätzliche Unterstützung von ehrenamtlichen Nachhilfelehrern würden es die meisten ihrer Jugendlichen nicht schaffen.

Selbst für viele besser gebildete Flüchtlinge, die inmitten ihres Studiums geflohen sind, hat Lernen erst mal nicht oberste Priorität. Diese Erfahrung musste zum Beispiel Ina, 41, wissenschaftliche Mitarbeiterin an der Uni Hamburg, machen. Ende 2015 betreute sie drei Flüchtlinge, die sie über ein Flüchtlingsprogramm der Uni kennengelernt hatte: Suela aus dem Kosovo, Ajaz aus Pakistan und Amir aus dem Iran. Alle drei waren Studenten unter dreißig. Suela hatte im Kosovo schon zwei Monate Jura studiert, Ajaz hatte einen Bachelor in BWL, Amir zwei Jahre Informatik studiert. Ina schrieb mir: »Alle drei sind witzig. Es macht Spaß mit ihnen. Sie sind sogar überraschend selbstironisch, bedenkt man ihre ungewisse Lage. Freundlich und nett allemal. Sie sind junge Leute, Studenten mit Smartphones, die sich den neuen James Bond anschauen. Würden sie besser Deutsch sprechen, würde man eigentlich gar keinen Unterschied zwischen Studenten mit Migrationshintergrund und ihnen bemerken.«

Ein halbes Jahr später frage ich Ina, was aus ihren Studenten geworden ist. An der Uni sei keiner mehr, erzählt sie. Suela komme nicht mehr, weil sie Arbeit in einem Altenheim gefunden habe. Dort putze sie jetzt an sechs Tagen in der Woche. Ajaz arbeite bei Lidl im Lager. Amir habe zwar noch keinen Job, komme aber trotzdem nicht mehr zur Uni. Zuletzt sei er nur noch einmal in der Woche zum Mathekurs gekommen. Die Fahrkarte, zwölf Euro hin und zurück, sei zu teuer, ließ er Ina wissen. Wenig später erfuhr Ina, dass er sich per Ratenzahlung ein MacBook Pro beim Otto-Versand gekauft und sich bei einem Fitnessclub angemeldet hatte.

Doch auch für Flüchtlinge, die ihr Geld nicht anderweitig ausgeben, sind die Kosten – vor allem der ausbleibende Verdienst – ein Hindernis, um sich als Gasthörer oder später als Student einzuschreiben. Zu Hause warten ganze Großfamilien auf Unterstützung, Verwandte müssen operiert, Schlepper abbezahlt werden. Oft lasten Schulden von mehreren Tausend Euro auf den Schultern eines Flüchtlings. Hannes Schammann, Juniorprofessor für Migrationspolitik an der Universität Hildesheim, kennt noch weitere Gründe, warum Flüchtlingsprogramme an deutschen Hochschulen bislang nicht besonders gut besucht werden. Er hat einige Angebote genauer untersucht und kommt in der Studie »Studium nach der Flucht« zu dem Ergebnis: »Viele Unis haben zwar große Programme für Flüchtlinge aufgefahren, aber dabei ein paar Hard Facts nicht ausreichend berücksichtigt.« Zum Beispiel, dass man krankenversichert sein muss oder dass Flüchtlinge sich mit einer Ausbildung in die 3+2-Regelung retten können. Mit einem Studium nicht unbedingt.

Wie viel Kraft, Geduld und Nerven man mitunter aufbringen muss, wenn man es trotzdem wagt, als Flüchtling an deutschen Universitäten zu studieren – und zwar nicht als Gast, sondern als richtiger Student –, das hat Maryam, dreißig, aus dem Iran erfahren müssen. Ihre unglaubliche Odyssee durch den deutschen Behördenwahnsinn geht in Kurzform so: Im Januar 2013 flieht sie wegen ihres christlichen Glaubens aus dem Iran, stellt im thüringischen Eisenberg Asylantrag. Im ersten Jahr lernt sie Deutsch, 2014 spricht sie gut genug, um sich einen Job zu suchen – einen Bachelor in Computer Software Engineering hat sie bereits. Bei der Jobsuche erfährt sie, dass sie auch als Flüchtling studieren kann, wenn sie das Deutschniveau C1 schafft. Ein halbes Jahr lang lernt sie Tag und Nacht, besteht schließlich, will sich für Informatik und Elektrotechnik an der Uni Erlangen einschreiben. Bei der Einschreibung sagt man ihr plötzlich, sie brauche einen Reisepass und eine

Krankenversicherung. Beides hat sie als Asylbewerberin nicht. Ein Mitarbeiter der AOK will ihr helfen, telefoniert mit dem Sozialamt. Danach hat Maryam zwar eine Krankenversicherung, dafür erhält sie vom Sozialamt ein Schreiben, in dem steht: »In zwei Wochen stellen wir die Zahlungen für Sie ein. Als Studentin müssen Sie BAföG beantragen.« Sie beantragt also BAföG, bekommt es aber nicht.* Unter Tränen und mit viel Hartnäckigkeit gelingt ihr dennoch die Einschreibung an der Uni – ohne Reisepass, nur mit Aufenthaltsgestattung. Beim Sozialamt spricht sie vor, um eine Fortzahlung zu erhalten, bis sie einen Job gefunden hat. Ein Professor empfiehlt sie bei Siemens. Das Unternehmen bietet ihr einen Job als Werksstudentin an. Was sie dafür braucht, ist eine Arbeitserlaubnis der Ausländerbehörde. Die aber verlangt für die Ausstellung der Arbeitserlaubnis die Exmatrikulation. Siemens und Flüchtlingshelfer setzen sich für Maryam ein. Die Ausländerbehörde verzichtet nach langem Hin und Her auf die Exmatrikulation, schickt Maryams Anfrage zur Vorrangprüfung nach München. Nach sechs Wochen – zwei Wochen nach dem geplanten Job-Beginn – kommt auf Nachfrage das O.K. Für drei Monate. Im Juni 2016 schließlich erhält Maryam nach dreieinhalb Jahren die Bewilligung ihres Asylantrags. Das Praktikum bei Siemens (nur zweihundert Euro Verdienst im Monat, aber Pflicht fürs Studium) kann sie nur absolvieren, weil Freunde ihr Geld leihen, sie am Wochenende noch als Kellnerin in einer Bar arbeitet und ein Verein 1700 Euro Spenden für sie sammelt.

Das ist, wie gesagt, nur die Kurzversion der Geschichte.

---

* BAföG konnte bis 2016 nur beantragen, wer unter dreißig war und sich seit mehr als vier Jahren in Deutschland aufhielt. Seit 2016 reichen 15 Monate.

Ein Antrag auf Wohngeld, Stipendiumsbewerbungen und diverse Zweitjobs kommen in der Langversion auch noch vor. Doch schon die Kurzfassung zeigt: Im Hochschulbereich sind viele Abläufe und Gesetze noch nicht aufeinander abgestimmt, widersprechen sich zum Teil sogar. Diese Rechtsunsicherheit führt zu einer eher restriktiven Auslegung von Ermessensspielräumen – auch wenn einige Verwaltungsangestellte gewillt sind zu helfen. Ob man allerdings auf sie trifft, ist reine Glückssache. Und: Für Unternehmen bedeutet es oft einen erheblichen Mehraufwand und viel Unsicherheit, einen Flüchtling einzustellen.

Falsche Förderung – wo Fördergelder versanden

Ein weiterer Grund, warum bislang längst nicht so viele Flüchtlinge »Grundlage für das nächste deutsche Wirtschaftswunder sind«, wie sich das so mancher Dax-Vorstand erträumt hat, lautet: Es ist gar nicht so einfach, Flüchtlinge richtig zu fördern. Gasthörerprogramme für Flüchtlinge sind nur ein Beispiel für gut gemeinte, aber noch nicht ausreichend durchdachte Unterstützungsmaßnahmen, um Flüchtlinge in Arbeit oder Ausbildung zu bringen. Ein anderes Beispiel ist ein Förderzentrum in der Nähe von Köln. Es bietet Platz für sechzig Flüchtlinge, die kein Anrecht auf einen Integrationskurs haben. Hier lernen sie Deutsch, arbeiten mit Holz oder Metall, um an bestimmte Ausbildungsberufe herangeführt zu werden. Zumindest theoretisch, denn wirklich anwesend sind alle sechzig Teilnehmer nur einmal im Monat – immer dann, wenn das Monatsticket für den öffentlichen Nahverkehr verteilt wird. An den restlichen Tagen kommen mal zehn, mal zwanzig, mal vierzig, manchmal auch nur fünf. Manche gehen Tee trinken während der Schule, andere kommen später oder gehen früher. Sanktionen gibt es nicht. Weder für die Schüler noch für das Förderzentrum. Es bezieht weiterhin Geld für sechzig Flüchtlinge von der Agentur für Arbeit.

Auch Föderalismus und starre Regeln erweisen sich mitunter als hinderlich, wenn es darum geht, Fördergelder sinnvoll einzusetzen. Andreas Tremer darf ins FlüQuE-Programm zum Beispiel nur Flüchtlinge aus München aufnehmen, weil das Programm von der Stadt finanziert wird. Für geeignete Kandidaten aus den umliegenden Landkreisen muss Tremer erst eine andere Finanzierung auf die Beine stellen, etwa über die Jobcenter. Auf dem Land wiederum kommen Projekte wie FlüQuE oft gar nicht zustande, weil es nicht genügend Bewerber gibt. Ein anderes Problem, das Tremer hat, ist, dass er bei der Auswahl erkennen muss, ob sich ein unbegleiteter minderjähriger Flüchtling wirklich für Elektrotechnik interessiert oder ob er von seinem Betreuer nur in einer »Maßnahme« untergebracht werden soll. Denn dann ist die Wahrscheinlichkeit groß, dass der Teilnehmer irgendwann abbricht.

Für ehrenamtliche Helfer, aber auch für hauptberufliche Betreuer oder Koordinatoren ist es zudem fast unmöglich, einen Überblick über all die Förderangebote zu bekommen. Ämter, Organisationen, wohltätige Vereine, Bundesländer, Kommunen, alle fördern vor sich hin – aufeinander abgestimmt sind die meisten Programme nicht.

Diese Erfahrung hat auch Maik Leonhardt gemacht. Er ist an der Berliner Industrie- und Handelskammer (IHK) für Start-ups zuständig. Unterstützungsprogramme für Flüchtlinge, die in der Hauptstadt ein Unternehmen gründen wollen, gibt es zuhauf. Auch an Flüchtlingen, die in ihrer Heimat selbstständig waren, mangelt es nicht. Da die Selbstständigenquote in den Heimatländern der Flüchtlinge sehr hoch ist – in Syrien etwa liegt sie bei 34 Prozent, im Iran bei 39 Prozent, zum Vergleich Deutschland: 10,5 Prozent –, schätzt die IHK, dass allein im Jahr 2015 etwa zweitausend Unternehmer aus Syrien nach Berlin kamen. »Ein Riesenpotential«, schwärmt Leonhardt. Trotzdem gründeten 2015 gerade einmal 55 Syrer in Berlin ein Unternehmen. Denn die größte Hürde kann bislang kaum eines der vielen Mentorenprogramme überwinden: Es fehlt an Startkapital.

Mahlzeit! – wie unsere kulturelle Prägung unsere Arbeitswelt beeinflusst

Erste Arbeitstage sind selten Glanztage. Meist wabert durch den Bauch ein mulmiges Gefühl. Man wird von allen beäugt, befragt, bewertet. Es dauert ein paar Wochen, bis man sich mit den Kollegen und den Gepflogenheiten des Unternehmens vertraut gemacht hat – und das, obwohl man aus demselben Kulturkreis kommt.

Für Migranten sind die Herausforderungen ungleich größer. Sie müssen sich in einer Arbeitswelt zurechtfinden, die nur wenig mit dem schützenden Deutschkurskokon zu tun hat. Fachbegriffe prasseln auf sie ein, die Kollegen sprechen Dialekt, der Umgangston ist rau, besonders im Handwerk. »Depp, hol amal an Bohrer«, ist in Bayern nicht unbedingt eine Beleidigung, sondern kann ein normaler Satz vom Chef zum Lehrling sein (natürlich nur in dieser Richtung, auch das gilt es zu verstehen).

Die Sprache ist nur eine von vielen Hürden. Wie streng sind die Hierarchien? Mit wem redet man über was? Ab wie viel Uhr sagt man »Mahlzeit«? Was wird geschätzt? Aber auch: Wie werden Probleme gelöst? Wie Konflikte angesprochen? »Wir mussten unseren muslimischen Jugendlichen zum Beispiel während des Ramadans beibringen, dass die Fastenzeit dein Leben hier nicht lahmlegen darf. Sich krankzumelden, weil man tagsüber nichts isst und sich dann kraftlos fühlt, das geht hier nicht«, sagt Ursula Zenker von der Jugendhilfe Feldkirchen. Zum Glück gebe es muslimische Kollegen, die das glaubwürdig vermitteln könnten.

Andreas Tremer von der Elektroinnung München hat die Erfahrung gemacht, dass es vielen seiner Kursteilnehmer schwerfällt, mit offen geäußerter Kritik umzugehen. »Viele sind es gewohnt, dass ihre Betreuer oder Paten alles für sie erledigen und sie ständig loben. Wenn sie dann zu uns kommen, müssen sie diese Welt aus Watte verlassen. Das fällt schwer.«

Auch Hazal tut sich bei ihrem Rossmann-Praktikum nicht leicht. Drei Monate zuvor hatten wir noch Tränen der Freude in den Augen, als der Filialleiter, ein junger Mann ebenfalls mit ausländischen Wurzeln, Hazal beim Abgeben der Bewerbungsunterlagen sofort für das Praktikum zusagte. Doch nach einer Woche klagt sie: »Ich muss immer nur Sachen einräumen. Dabei lerne ich doch nichts.« Ich sage ihr, dass das für Praktikanten eine ganz normale Arbeit ist, und rate ihr, erst mal durchzuhalten, vielleicht ihrem Chef zu sagen, dass sie grundsätzlich auch für andere Aufgaben bereit sei. Da das Praktikum im Rahmen des Volkshochschulprogramms »mona lea« stattfindet, erzählt Hazal auch der zuständigen Sozialarbeiterin von ihrer eintönigen Arbeit. Die ruft den Filialleiter an, der wiederum ist sauer, dass Hazal nicht direkt zu ihm gekommen ist. Zwei Wochen früher als geplant beendet Hazal das Praktikum. Sie beginnt ein neues bei Tchibo.

Einen Putzjob, den ich ihr ein Jahr zuvor bei einer Bekannten von mir vermittelt habe, ist sie ebenfalls wieder los, noch bevor sie die erste Rechnung überhaupt gestellt hat. Der Bekannten missfällt, dass Hazal neben dem vereinbarten Stundenlohn auch noch eine Tageskarte für die öffentlichen Verkehrsmittel abrechnen will, dass sie nach Hausschuhen fragt, anstatt diese selber mitzubringen, und dass sie behauptet, sie putze schneller als alle anderen und könne deshalb früher gehen. Ob sich alles tatsächlich so abgespielt hat? Gut möglich, dass ein Großteil der Unstimmigkeiten auf Verständnisschwierigkeiten beruhte. Aber leider spielt es auch keine Rolle, ob Hazal die Dinge tatsächlich so gesagt hat oder sie bei der Bekannten nur so angekommen sind. Was entscheidend ist: Hazal hat den Job nicht bekommen.

Hätte ich Hazal besser auf den Job vorbereiten müssen? Ich hatte ihr gesagt, wie hierzulande üblicherweise geputzt wird (also erst den Boden staubsaugen, dann nass wischen, etc.), hatte ihr ein paar Putzmittel erklärt. Auf die Idee, ihr zu sagen, dass die Anfahrt normalerweise nicht abgerechnet wird oder man seine Hausschuhe selber mitbringt, bin ich nicht gekommen. Weil es für mich selbstverständlich ist. Es sind versteckte kulturelle Missverständnisse wie diese, die sich immer wieder zwischen uns schieben. Solche, die man nicht im Gespräch entdeckt. Weil beide Seiten sich ihrer oft gar nicht bewusst sind.

Wie unterschiedlich unsere kulturelle Software tatsächlich ist und wie stark sie sich auf die Arbeitswelt auswirkt, wird mir erst klar, als ich in einem interkulturellen Seminar Geert Hofstede und Edward Twitchell Hall Jr. kennenlerne. Oder besser gesagt: ihre Kulturdimensionen.

Hofstede, holländischer Sozialpsychologe und Anthropologe, wollte zwischen 1967 und 1973 die Unternehmenskultur von IBM untersuchen. Mithilfe eines standardisierten Fragebogens interviewte er in mehr als fünfzig Ländern 116 000 Mitarbeiter in IBM-Niederlassungen. Heraus kam eine der bislang größten vergleichenden Kulturstudien. Hofstede unterscheidet darin vier Kulturdimensionen. Sie sollen dabei helfen, mit den Unterschieden im Denken, Fühlen und Handeln von Menschen besser umgehen zu können.

Eine Dimension ist der Individualismus. Hoher Individualismus in einer Gesellschaft bedeutet, dass Menschen ihren Fokus auf ihren eigenen Erfolg und ihre persönlichen Rechte legen (siehe Tabelle). Eine besondere Verbundenheit gibt es nur mit der Kernfamilie, also Vater, Mutter, Kinder, und einigen selbst gewählten Nahestehenden. Kollektivismus hingegen bedeutet, dass der Fokus der Kultur von Geburt an auf einer Gruppenzugehörigkeit liegt. Das kann zum Beispiel die erweiterte Familie, das Dorf, der Arbeitsplatz und vieles mehr sein. Menschen in kollektivistischen Kulturen sind in großen Familienstrukturen organisiert, deren Ziele und Bedürfnisse als wichtiger angesehen werden als die des Einzelnen. Der höchste Individualismus, so Hofstede, bestehe in den USA, Australien, Großbritannien, Neuseeland sowie den Beneluxländern und Nordeuropa. Dahinter – aber immer noch im oberen Drittel – kommt Deutschland. Der höchste Kollektivismus sei in mittelamerikanischen Ländern wie Panama und Guatemala zu finden. Auch südostasiatische Staaten wie Südkorea und Taiwan liegen weit vorn.

Individualistisch	Kollektivistisch
Kernfamilie	Großfamilie
Ich-Identität	Wir-Identität
Selbstbewusstsein Selbstständigkeit	Zugehörigkeitsgefühl Loyalität
Konfliktbearbeitung	Konfliktvermeidung
Generationen: getrennt Geschlechter: gemeinsam	Generationen: gemeinsam Geschlechter: getrennt
Lebenslanges Lernen	Lernen nur in bestimmter Lebensphase (Kind)
Schuld (Verlust der Selbstachtung)	Schande (Verlust der Ehre der Gruppe)
Problemlösung: Was ist zu tun?	Problemlösung: Wer vermittelt?

Die Studie ist inzwischen zwar schon fünfzig Jahre alt, doch viel geändert hat sich nicht. Übertragen auf die Arbeitswelt bedeutet das: In individualistisch geprägten Gesellschaften zählen eher Einzelleistungen (wobei Teamwork inzwischen auch hier ein Trend ist); zum Arbeitgeber besteht überwiegend eine Geschäftsbeziehung; im Vordergrund stehen die zu lösenden oder zu vollbringenden Aufgaben; Kritik wird offen geäußert; lebenslanges Lernen, also der Besuch von Fortbildungen, ist ein Muss.

In kollektivistischen Gesellschaften hingegen steht die Leistung der Gruppe im Vordergrund. Der Arbeitnehmer verhält sich zum Arbeitgeber loyal, kritisiert ihn auf keinen Fall; wichtiger als die Arbeit an sich ist die Beziehung zum Vorgesetzten; eine klare Trennung zwischen Arbeits- und Privatleben gibt es nicht; gelernt wird hauptsächlich in einer bestimmten Phase des Lebens, der Kindheit.

Natürlich skizzieren beide Seiten jeweils nur die extremen Pole. In der Realität geht es in Gesellschaften immer um Tendenzen in die eine oder andere Richtung. So ist eine individualistische Gesellschaft zum Beispiel eher sachorientiert, das heißt, Persönliches wie Sympathien oder Antipathien spielt eine untergeordnete Rolle. Im Arbeitsumfeld oder bei Behördengängen gilt es, so schnell wie möglich auf den Punkt zu kommen.

Kollektivistische Gesellschaften dagegen sind eher personenorientiert. Der Aufbau einer Beziehung hat Vorrang vor der Sache (was allerdings nicht bedeutet, dass die Sache nicht wichtig ist). Zu Beginn eines Kontakts werden Höflichkeiten ausgetauscht, es wird zusammen gegessen und getrunken, man lernt sich kennen. Dies geschieht, um sich gegenseitig einschätzen zu können und Vertrauen und gegenseitige Achtung aufzubauen. Harmonie ist die Basis für sachliche Anliegen. Erst wenn sie garantiert ist, kann man zum eigentlichen Punkt kommen.

Sachbezug	**Personenbezug**
Die Aufgabe steht im Vordergrund	Die Person steht im Vordergrund
Erst die Sache, dann die Beziehung	Erst die Beziehung, dann die Sache
Personendaten abfragen	Beziehung zur Person aufbauen
Sachkompetenz, Logik	Beziehungskompetenz, Vertrauen
Streit: Argumente	Streit: Loyalität
Schriftliche Verträge	Persönliche Zusagen
Arbeit ist vom Privatleben getrennt	Keine klare Trennung zwischen Privat- und Arbeitsleben
Erholung: Rückzug	Erholung: Beisammensein

Wer sich diese unterschiedlichen Prägungen verdeutlicht, wundert sich nicht mehr, dass es zwischen sachbezogenen und personenbezogenen Kulturkreisen, zwischen individualistischen und kollektivistischen Gesellschaften oft zu Missverständnissen kommt.

Der zweite Wissenschaftler, der mir die Augen geöffnet hat, ist Edward Twitchell Hall Jr. Der amerikanische Anthropologe und Ethnologe gilt als Begründer der interkulturellen Kommunikation. Er beschreibt mit High-Context und Low-Context die Unterschiede in den Kommunikationsstilen verschiedener Kulturen. Vereinfacht gesagt, werden Inhalte in einer Low-Context-Kultur direkt in der sprachlichen Nachricht vermittelt. Es gibt für den Nachrichtenempfänger wenig Interpretationsspielraum. In einer High-Context-Kultur liegt der Großteil der Informationen dagegen außerhalb des Kommunizierten. Der Kontext, in dem etwas gesagt wird, und die Person, die etwas sagt, sind entscheidend. Der Unterschied zwischen beiden Kulturen zeigt sich zum Beispiel in folgender Situation:

> Eine Amerikanerin, eine Japanerin und eine Deutsche gehen zusammen Burger essen. Das Fleisch ist ziemlich verbrannt. Nach dem Essen fragt die Kellnerin, ob es geschmeckt hat.
> Die Amerikanerin sagt: Die Soße und das Brötchen haben sehr gut geschmeckt, nur das Fleisch war leider etwas verbrannt.
> Die Japanerin sagt: Die Soße und das Brötchen waren ausgezeichnet.
> Die Deutsche sagt: Das Fleisch war leider verbrannt.

Die Amerikanerin bettet die Kritik in Lob ein, die Japanerin erwähnt das Fleisch nicht einmal, gibt aber dadurch für den richtig programmierten Zuhörer zu verstehen, dass es nicht geschmeckt hat. Nur die Deutsche spricht unverblümt aus, was sie tatsächlich denkt – ohne zu loben. Was bei uns als ehrlich gilt, ist nicht in jeder Kultur selbstverständlich. Genau genommen stehen wir mit unserer direkten Art weltweit sogar ziemlich allein da: Auf einer High-Low-Context-Skala lassen sich 96 Prozent der Weltbevölkerung eher am High-Context-Ende platzieren. Auf die Nachfrage, ob sie etwas verstanden haben, antworten viele Menschen demnach mit Ja, auch wenn das Gegenteil der Fall ist. Neben uns Deutschen tendieren nur Schweizer, Amerikaner und Skandinavier ebenfalls zur Low-Context-Kommunikation.

Natürlich kann es auch beide Stile in einer Kultur geben, da sie stark situationsbedingt sind. Ein deutsches Ehepaar kann hierzulande auch indirekt miteinander sprechen, da sie sich sehr gut kennen und aus diesem Kontext heraus weniger explizit sein müssen als etwa zwei Geschäftspartner. Dennoch gilt für Deutsche generell, dass sie sehr direkt miteinander sprechen – was viele Ausländer als unhöflich empfinden.

Als ich am Abend nach diesem erhellenden Seminar nach Hause radle, muss ich an Nadja denken. Vielleicht war es auch gar nicht Jusuf, der nicht auf die Kinder aufpassen wollte. Vielleicht war Nadja einfach noch nicht bereit für das Praktikum in der Elterninitiative, hat sich aber nicht getraut, es mir zu sagen. Oder es als unhöflich empfunden, mir abzusagen.

Als ich die Geschichte mit dem umsonst gesuchten Praktikum später in meiner ersten und bislang einzigen Supervision schildere, wird mir noch viel mehr klar. Normalerweise nutzen vor allem Mitarbeiter in psychosozialen Berufen diese Form der Beratung, doch auch für ehrenamtliche Flüchtlingshelfer werden inzwischen Supervisionen angeboten. Zu reflektieren und zu hinterfragen gibt es mehr als genug, etwa: Warum halse ich mir so viel auf? Wie kann ich besser Grenzen setzen? Will ich zu viel? In 120 Minuten soll ich mir die Antwort selbst erarbeiten. Die Supervisorin, eine Anwältin mit

Zusatzausbildung, bittet mich lediglich, zu sagen, was mich antreibt und welches meine Ressourcen sind. Nach einer Stunde stehen dreißig Punkte auf drei Flipchart-Bögen, unter anderem mein Mann, der viel mitträgt, meine Eltern, die mich unterstützen, Perspektivwechsel, Lernerfahrung, Hinterfragen des Alltäglichen, etc. Danach soll ich Handlungsoptionen erarbeiten. Ich komme auf elf Punkte. Davon soll ich die drei, die mir am sinnvollsten erscheinen, hervorheben. Am Ende steht da: 1. Akzeptieren, dass es oft schwierig ist, »auf Augenhöhe« miteinander zu sprechen; 2. andere Leute mit ins Boot holen; 3. genauer zuhören, nachfragen, Gespräch statt Handeln.

Vor allem der dritte Punkt trifft voll zu, und auf einmal wird alles ganz klar: Ich bin in der Praktikumsszene der Prototyp des überengagierten Flüchtlingshelfers, genau der Typ, vor dem die Ehrenamtskoordinatoren im ersten Kapitel gewarnt haben. Ich tue und mache, telefoniere in jeder Mittagspause mit Kindergärten, Sprachschulen oder Sachbearbeitern des Jobcenters. Ich meine es gut, doch in Wahrheit dränge ich Nadja auf, was ich für richtig halte. Natürlich frage ich, ob sie das grundsätzlich machen will, doch dass ich darauf möglicherweise keine ehrliche (oder direkte) Antwort erhalte, auf die Idee bin ich bislang nicht gekommen. Was ich nicht mache, ist: zuhören, richtig zuhören und nachfragen. Heute weiß ich: Hätte ich die Supervision zu einem früheren Zeitpunkt gemacht, hätte ich mir ziemlich viel Arbeit erspart. Und wohl auch einiges an Frust.

Neben der ungleichen Art zu kommunizieren und der unterschiedlichen Ich-wir-Gewichtung gibt es noch einen weiteren Garanten für verletzte Gefühle auf beiden Seiten: das Verständnis von Zeit. Denn die Vorstellungen darüber, was Zeit ist und wie damit umgegangen wird, gehen in den unterschiedlichen Kulturen weit auseinander. Zwar sind sowohl Nadja als auch Hazal pünktlicher als ich, doch kein Ehrenamtstreffen vergeht, bei dem nicht irgendwer klagt, sein Nachhilfeschüler komme nicht (und sage nicht mal ab) oder sei immer zu spät. Auch Michael Stenger von der Schlau-Schule erzählte mir, dass er am Anfang des Schuljahres des Öfteren die Eingangstür nach Unterrichtsbeginn abschließe und alle Zuspätkommer persönlich davor empfange, um ihnen eine Lektion in Sachen Pünktlichkeit zu erteilen. Andreas Tremer lässt seine FlüQuE-Teilnehmer zu Beginn einen Zehn-Punkte-Verhaltenskodex unterschreiben. Punkt 1: Anwesenheit; Punkt 2: Pünktlichkeit. »Jeder Teilnehmer ist rechtzeitig um 7:45 Uhr bereit, mit dem Kurs zu beginnen. Sollte man sich ausnahmsweise verspäten, muss per Telefon Bescheid gegeben werden.«

Warum ist Pünktlichkeit in Deutschland so wichtig? Angeblich ist sie ein Überbleibsel aus dem Deutschen Kaiserreich. Wie alle westlichen Gesellschaften (vor allem in Nord- und Mitteleuropa sowie Nordamerika) haben wir ein lineares Zeitverständnis, das bedeutet, wir stellen uns die Zeit als eine Art Linie vor, die von Punkt zu Punkt verläuft. Zeit wird sinnvoll eingeteilt und genutzt. Wir achten auf die durchgetaktete Abfolge von Terminen: Von 9 bis 17 Uhr sind wir im Büro, um 12 Uhr gibt's Mittagessen, um 18 Uhr beginnt das Training, um 20 Uhr kommt die *Tagesschau*. Die Uhr begleitet uns sozusagen überallhin. Eins, zwei, drei, im Sauseschritt/ Läuft die Zeit; wir laufen mit.

In anderen Gesellschaften, vor allem in Asien und Afrika, dominiert dagegen die Vorstellung, dass Zeit zyklisch ist. Während bei uns die Uhr bestimmt, was zu tun ist, sind es dort wiederkehrende Ereignisse: Jahreszeiten oder Naturereignisse wie Stürme, Regen oder Überschwemmungen legen fest, wann gepflanzt und geerntet wird, der Sonnenaufgang bestimmt das Gebet, Tierwanderungen beeinflussen die Jagd. Eine Sache dauert so lange, wie sie eben dauert. Kommt etwas dazwischen, wird sie später fortgesetzt.

Unterschiede gibt es auch in der Bedeutung von Gegenwart, Vergangenheit und Zukunft. Vergangenheitsorientierte Menschen wollen bewahren, was sich bewährt hat. Bisherige Erfahrungen und Tradition haben einen hohen Stellenwert, etwa bei älteren Menschen oder in Kulturen mit Ahnenkult. Zukunftsorientierte Menschen, allen voran US-Amerikaner, arbeiten dagegen auf Ziele hin und setzen auf Veränderung. Mit diesem Hintergrundwissen kann man zum Beispiel besser verstehen, warum sich manche Migranten gar nicht um einen Job kümmern, wenn ihnen der alte gekündigt wurde. Weil sie eher zurückschauen als nach vorn. Die Zukunft »passiert« für sie mehr, als dass sie sie aktiv gestalten.

Geringe Qualifikation der Flüchtlinge, unkoordinierte oder nicht sinnvolle Förderung, Rechtsunsicherheit und schließlich die kulturellen Unterschiede – bei der Integration in den deutschen Arbeitsmarkt gibt es einige Schwierigkeiten. Und einige Stellen, an denen nachjustiert werden muss, um die Integration der Flüchtlinge in den Arbeitsmarkt zu beschleunigen. Denn nicht arbeiten zu dürfen oder zu können bedeutet nicht nur, keine Steuern oder Sozialabgaben zu zahlen. Es bedeutet auch, nicht ankommen zu können, den Zündschlüssel für das neue Leben nicht starten zu können.

Flüchtlinge als Kollegen – drei ehrliche Erfahrungsberichte

Bis hierhin habe ich allerdings nur die halbe Wahrheit geschrieben. Denn die Betriebe, die bereits Flüchtlinge beschäftigen, sind in der großen Mehrzahl sehr zufrieden mit ihren neuen Mitarbeitern. Dieses Kapitel kann also nicht enden, ohne diejenigen zu Wort kommen zu lassen, die aus dem Alltag berichten können, Menschen, die bereits Jusufs, Hazals, Nadjas oder Jamils als Kollegen haben.

Uta Weber leitet die Personalabteilung der Firma Borne in Trierweiler, Rheinland-Pfalz. Der mittelständische Betrieb mit fünfhundert Mitarbeitern stellt Türen her. »Nach der Religion darf ich im Bewerbungsgespräch ja nicht fragen, aber ich habe gelernt: Ich muss unsere Werte gleich im Vorstellungsgespräch thematisieren, zum Beispiel die Gleichberechtigung von Mann und Frau. Bei uns arbeiten inzwischen drei Flüchtlinge, weitere machen Praktika. Bei zweien gab es überhaupt keine Probleme, beim dritten funktionierte die Einarbeitung überhaupt nicht – bis wir darauf kamen, dass es daran lag, dass der Mann von einer Frau angelernt wurde. Unser Chef, nicht ich, hat dann von Mann zu Mann mit dem Mitarbeiter gesprochen und ihm unsere Prinzipien erläutert. Seitdem funktioniert alles reibungslos. Unsere Flüchtlingsazubis erhalten nach Feierabend noch ausbildungsbegleitende Hilfen, dort wird unter anderem die deutsche Sprache vermittelt. Ich beantrage die Hilfen, zwei Wochen später erhalte ich das O.K. der Arbeitsagentur. Ein Problem ist allerdings, dass wir im Schichtdienst arbeiten und mit öffentlichen Verkehrsmitteln schwer zu erreichen sind. Man braucht also eigentlich einen Führerschein und ein Auto, um bei uns zu arbeiten. Wir versuchen dann Fahrgemeinschaften zu vermitteln oder geben ein Darlehen für den Führerschein, schließlich sind wir auf die Flüchtlinge als Arbeitskräfte der Zukunft angewiesen.«

Tom Volkert ist Geschäftsführer der Softwarefirma Lovosoft in Münster bei Darmstadt mit 17 Mitarbeitern.
»Ich habe anfangs gedacht, o.k., geben wir den Flüchtlingen eine Chance. Inzwischen bin ich wirklich positiv überrascht. Bei uns arbeiten vier Syrer. Zwei machen eine Ausbildung zum IT-Kaufmann, zwei ein Praktikum. Auch sie werden bald eine Ausbildung beginnen. Alle vier sind so motiviert und mit Eifer dabei – das kenne ich von deutschen Bewerbern gar nicht mehr. Die Deutschen, die sich statt fürs Studium für eine Ausbildung entscheiden, können oft nicht mal den Dreisatz. Für mich war es anfangs schwierig, dass unsere Syrer so viel Respekt oder Angst vor mir hatten. Wenn ich als Chef ihnen mal die Tür aufgehalten habe, haben sie komisch geschaut. Oder wenn sie zu mir kommen mussten, um Urlaub zu beantragen, kamen sie mit gesenktem Kopf. Da hab ich erst mal gefragt: ›Hast du's im Kreuz?‹ Ich versuche, alle gleich zu behandeln. Und ich sage immer: Es ist egal, wo wir herkommen, entscheidend ist, wo wir hinwollen. Ärger mit einem Muslim hatten wir übrigens nur einmal, und zwar mit einem Deutschen, der zum Islam konvertiert war und immer radikaler wurde. Ihn haben wir noch in der Probezeit entlassen müssen.«

Adem Elkol ist stellvertretender Vorsitzender des Betriebsrats von Heinz-Glas, einem der ältesten Familienunternehmen Deutschlands mit dreitausend Mitarbeitern, das in Kleintettau in Oberfranken und an 15 anderen Standorten weltweit Glas-Flakons herstellt und Plastik veredelt.
»Als unser Chef Ende 2015 ankündigte, in den nächsten drei Jahren bis zu 75 Flüchtlinge anstellen zu wollen, gab es viel Lob, aber auch viel Gegenwind. Arbeitslose Deutsche protestierten, erst mal seien doch wohl sie dran. Auch ich habe schon anonyme Drohungen erhalten, weil ich mich für die Integration der Flüchtlinge einsetze. Ich hatte zum Beispiel die Idee, in unseren Werken gelbe Schilder aufzuhängen, die die Mitarbeiter zu Respekt und Toleranz aufrufen. »Respekt, kein Platz für Rassismus« steht da drauf. Im Ramadan wird bei uns vor der Firma die Flagge mit dem »Hilal« gehisst, der Sichel des zunehmenden Mondes, damit alle Mitarbeiter wissen, dass ihre muslimischen Kollegen derzeit fasten. Integration wird bei uns gelebt, nicht diskutiert. Aktuell arbeiten zwei syrische, zwei irakische und ein afghanischer Mitarbeiter bei uns in Kleintettau, drei weitere Flüchtlinge machen ein Praktikum. Bereits in den Siebzigerjahren sind viele Türken als Gastarbeiter zu uns in die Region gekommen, so wie mein Vater. Ich war damals sieben. Einige der türkischstämmigen Angestellten arbeiten bereits in dritter Generation bei Heinz-Glas. Das Gute ist: Wir haben eine gewisse kulturelle Nähe zu Flüchtlingen aus Syrien und den umliegenden Ländern. Die sprachliche Verständigung über Türkisch klappt bei manchem besser als mit Deutsch oder Englisch. Auch der Islam als gemeinsame Religion verbindet. Wir würden gern noch mehr Flüchtlinge bei uns einstellen, wir brauchen Familien im Ort, damit die Schule und der Supermarkt nicht schließen.

Aber eine große Hürde sind die fehlenden Deutschkenntnisse. Außerdem gibt es Schwierigkeiten bei der Wohnungssuche. Obwohl die Gegend hier sehr ländlich und die nächste größere Stadt mehr als dreißig Kilometer entfernt ist, sträuben sich Vermieter oft, Flüchtlinge als Mieter zu akzeptieren, da bedarf es großer Überzeugungsarbeit. Um künftige Mitarbeiter mit Fluchthintergrund erst mal angemessen unterzubringen, hat unser Firmenchef deshalb ein Haus mit zwei Wohnungen gekauft.«

6 FRAU SEIN, MANN SEIN

»Sie muss jetzt einen Jungen bekommen!« – vom ungleichen Verhältnis der Geschlechter

Am 16. Juni 1817 schrieb der französische Schriftsteller Stendhal in sein Tagebuch: »Um die Gleichheit ganz zu erreichen, die die Quelle des Glücks beider Geschlechter wäre, müsste den Frauen das Duell gestattet werden … Gegen das Jahr 2000 hin werden diese Ideen nicht mehr lächerlich sein!« In der Umsetzung hat sich Stendhal zwar geirrt, selbst beim RTL2-*Frauentausch* »duellieren« sich Frauen heute nicht. Seiner Vision aber, der Gleichheit, oder besser gesagt der Gleichbehandlung beider Geschlechter, sind Franzosen und Deutsche in den vergangenen zweihundert Jahren um einiges näher gekommen. Zwar war die deutsche Frau mit der Eheschließung noch bis 1977 dazu verpflichtet, »den Haushalt in eigener Verantwortung« zu führen. Berufstätig durfte sie nur sein, »soweit dies mit ihren Pflichten in Ehe und Familie vereinbar ist«. So stand es im Bürgerlichen Gesetzbuch. Fand der Ehemann, die Familie komme zu kurz, konnte er die Stelle seiner Frau kündigen. Ohne sie auch nur zu fragen. Eine irre Vorstellung, vor gerade einmal vierzig Jahren realistisch möglich.

Inzwischen aber ist Stendhals Vision in Deutschland erreicht. Zumindest gesetzlich und politisch. Gesellschaftlich ist noch Luft nach oben – ein Blick auf die Gehaltsabrechnungen von Männern in Vollzeit und Frauen in Teilzeit genügt. Doch das Ziel ist zumindest in Sicht.

In den meisten Herkunftsstaaten der Flüchtlinge kann von der Gleichberechtigung zwischen Mann und Frau keine Rede sein. Sie ist noch nicht mal ein Ziel, auf das hingearbeitet würde. Die Rolle der Frauen besteht darin, Kinder zu gebären, sich um den Haushalt zu kümmern, unter sich zu bleiben. Männer haben das gesellschaftliche Sagen, ernähren die Familie, repräsentieren sie, haben manchmal sogar mehrere Frauen – und müssen dann in Deutschland erst mal vor Gericht darum streiten, welche der drei Frauen als Ehefrau eingetragen wird. Symbolischer Ausdruck dieses Ungleichverhältnisses ist für viele Deutsche der verweigerte Handschlag eines Mannes gegenüber einer Frau. Obwohl er eigentlich Sittlichkeit ausdrücken soll und vor allem von strenggläubigen Muslimen verwehrt wird (für sie ist die Berührung zwischen verschiedenen Geschlechtern exklusiv Verheirateten vorbehalten), wird die Verweigerung hierzulande oft als Respektlosigkeit interpretiert.

Natürlich haben nicht alle Flüchtlinge ein und dasselbe Frauen- und Männerbild. Der nicht-religiöse syrische Akademiker verhält sich gegenüber Frauen sicherlich anders als der strenggläubige afghanische Analphabet. Doch das Geschlechterverständnis unterscheidet sich in den meisten Heimatländern der Flüchtlinge fundamental von dem unseren. Frauen haben dort oft wesentlich weniger Rechte als Männer. Dies zu wissen ist das eine. Etwas anderes ist es, persönlich mitzuerleben, welche Auswirkungen dieses Verständnis auf die Familien und besonders auf die Frauen hat, und zu sehen, in welche Schwierigkeiten es sie in Deutschland bringt.

Nie werde ich das breite Grinsen in Nadjas Gesicht vergessen, in das Freude, Erleichterung und Stolz auf einmal passten, als sie mir erzählte, dass sie nach zwei Mädchen einen Jungen erwartete. Endlich. Der ersehnte männliche Nachwuchs, der die gesamte Verwandtschaft erleichtert aufatmen ließ. Nadja und Jusuf hatten Glück.

Hazals Cousine nicht. Sie bekommt nach zwei Mädchen ein weiteres Mädchen. Und noch eins. Und noch eins. Fünf sind es, als ich einen Anruf von Hazal erhalte. Ob sie mich etwas fragen dürfe, will sie wissen. »Klar.« Hazal räuspert sich, zögert, die Frage scheint ihr unangenehm. »Meine Cousine ist jetzt auch in Deutschland, in Nürnberg. Sie muss jetzt einen Jungen bekommen. Kannst du mir sagen, wo das in Deutschland geht?« »Nirgendwo!«, platzt es aus mir heraus. Und während ich noch Bruchteile einer Sekunde darüber nachdenke, ob es nicht verbotenerweise auch bei uns Ärzte gibt, die …, rede ich schon auf Hazal ein. Dass Abtreibungen wegen des »falschen« Geschlechts in Deutschland verboten seien. Dass Mädchen bei uns genauso viel wert seien wie Jungen. Dass ihre Cousine sich jetzt doch lieber erst mal um die Schulbildung der fünf Töchter kümmern solle. Woher sie denn eine Wohnung für noch mehr Kinder nehmen wolle. Solche Sachen.

In einer kurzen Atempause sagt Hazal: »Anna, ich verstehe dich, aber meine Cousine braucht unbedingt einen Jungen.«

»Dann musst du ihr eben erklären, dass das hier in Deutschland nicht auf Bestellung geht.«

»Das habe ich schon versucht, aber sie glaubt mir nicht. Weißt du, ich verstehe dich, aber sie *muss* einen Jungen haben.«

Ich überlege kurz, ob ich Hazal erklären soll, dass männliche Spermien schneller schwimmen als weibliche, dafür aber kürzer überleben, es also wahrscheinlicher ist, einen Jungen zu bekommen, wenn man kurz vor dem Eisprung Sex hat. Doch nach zwei Sätzen gebe ich auf. Zu kompliziert. Wie soll Hazal mich auch verstehen? Eisprung oder Sperma standen bestimmt nicht auf der Vokabelliste ihres Integrationskurses. Und wie genau Hazal den weiblichen Zyklus kennt, weiß ich auch nicht. Stattdessen wiederhole ich mantraartig:

»Du musst es ihr erklären. In Deutschland geht das nicht.«

»Kannst du das machen? Dir glaubt sie vielleicht.«

»Klar, sag mir Bescheid, wenn sie das nächste Mal nach München kommt …«

»Sie kann nicht nach München kommen wegen der Kinder. Können wir zusammen nach Nürnberg fahren?«

Nach Nürnberg fahren? Um einer fremden Frau zu erklären, dass es in Deutschland keine künstliche Befruchtung nur mit männlichen Spermien gibt und auch keine Abtreibung von weiblichen Embryonen? Puh. Wir vereinbaren, dass Hazal es noch einmal versucht, und wenn alles nichts hilft, fahren wir zusammen nach Nürnberg. Eine Woche später ruft mich Hazal wieder an. Ihre Cousine wolle jetzt ohne ärztliche Hilfe noch mal probieren, einen Jungen zu bekommen. Neben mir schreit Leander, mein kleiner Sohn, ich habe nicht die Nerven, um noch mal zu mahnen, dass ihre Cousine doch lieber erst mal einen Deutschkurs … Ich sage: »O.k., Hazal, wenn sie meint … Dann bis bald.«

Wie wichtig die Männer in anderen Kulturen sind, zeigt auch diese Episode. Erzählt hat sie mir Susanne, die Frau aus München, die Samir, einen jungen Afghanen, bei sich zu Hause aufgenommen hat. Nach dem ersten Telefonat sagte sie zu Samir: »Komm einfach vorbei, damit wir uns mal kennenlernen.« Zusammen mit ihrer Tochter empfing sie den Zwanzigjährigen. Was Susanne nicht bedacht hatte: Ihre drei Söhne und ihr Mann waren an diesem Abend außer Haus. Samir kam also, schaute sich alles an und fragte: »Wo sind die Männer?« Ohne sie kennengelernt zu haben, könne er nicht entscheiden, ob er hier einziehen wolle. Also musste ein zweiter Termin vereinbart werden, ein Abendessen mit Männern.

Und es gibt noch eine dritte Geschichte, die mir gezeigt hat, wie verschieden unsere Gesellschaften Frauen und Männer behandeln. Wieder spreche ich mit Hazal. Dieses Mal geht es um Rosin, ihre sechsjährige Tochter. Ein heißer Sommertag im August, wir haben zusammen auf dem Balkon Mathe gelernt. Als wir zusammenräumen, frage ich sie: »Was machst du eigentlich, wenn sich Rosin später mal in einen Deutschen oder einen nicht-jesidischen Mann verliebt?« Hazal stutzt. »Ines fragt mich das auch immer.« Die Nachbarin hat offensichtlich dieselben Sorgen wie ich. Denn als Jeside kann man nur geboren werden. Es gibt keine Möglichkeit, zum Jesidentum zu konvertieren. Jesiden dürfen nur untereinander heiraten. Und auch nur innerhalb der eigenen Kaste, es gibt drei. Die Heirat mit Andersgläubigen bedeutet mindestens den Ausschluss aus der Religionsgemeinschaft, manchmal sogar den Tod. Hazal wird auf einmal sehr ernst. »Ich mache mir große Sorgen. Rosin ist erst sechs, aber ich sage ihr jetzt schon, dass sie nur einen jesidischen Mann heiraten darf.« Einmal habe Rosin sie gefragt, wo sie denn später mal einen Mann kennenlernen solle. Auf Hochzeiten zum Beispiel, habe sie geantwortet. »Hazal, ich verstehe euch ja, aber was macht ihr, wenn sie sich in einen anderen Mann verliebt? Werdet ihr sie zwingen, einen Jesiden zu heiraten?«

Statt meine Frage zu beantworten, erzählt mir Hazal die Geschichte eines Mädchens aus ihrem Dorf. Obwohl schon verlobt, war es mit einem anderen Mann durchgebrannt. Die Familie des Mädchens und die des betrogenen Mannes machten sich auf die Suche nach dem Paar, aber sie fanden es nicht.

»Der Vater des Mädchens musste schwören, dass er seine Tochter umbringt, wenn er sie findet. Schafft er es nicht, muss er seinen Schnurrbart abrasieren.«

»Die eigene Tochter töten oder sich rasieren? Was ist das denn für eine Entscheidung?«

»Für einen jesidischen Mann ist es eine sehr große Schande, keinen Schnurrbart mehr zu haben.«

Dem Mädchen gelang irgendwann allein die Flucht nach Deutschland. Die Familie des betrogenen Mannes schnappte sich den Vater der Braut und schnitt ihm den Schnurrbart ab. Später habe es auch noch Tote in diesem Streit gegeben, erzählt Hazal, aber wer genau wen umgebracht hat, weiß sie nicht mehr. Auf jeden Fall dauere der Streit heute, zwanzig Jahre später, noch an.

Auch von ähnlichen Fällen in Deutschland berichtet Hazal. Die Familien dieser Frauen könnten keinem Jesiden mehr in die Augen schauen, so groß sei die Scham. »Weißt du, bei den Jungs ist alles einfacher. Sie müssen auch eine Jesidin heiraten. Aber davor machen sie, was sie wollen.«

Schnurrbart oder Tod – wie die Religion das Rollenverständnis prägt

Unser Gespräch beschäftigt mich noch Tage danach. Zwar sind weder Nadja noch Hazal strenggläubig, doch ihre Religion ist für Jesiden ja weit mehr als der Glaube an den allmächtigen Schöpfer Ezda oder seinen irdischen Vertreter, den Engel Taus-i Melek. Religion bedeutet Identität, Zugehörigkeit, Kultur, Gemeinschaft. Aber auch Verfolgung und Unterdrückung, vor allem durch Muslime. Ein Ausschluss aus der Gemeinschaft wäre der soziale Tod. Ich kann also verstehen, dass man alles tut, um drinzubleiben im Kreis, einerseits. Andererseits kann ich nicht verstehen, dass man in ein fremdes Land zieht und, umgeben von Menschen ganz anderen Glaubens, immer noch meint, diese Regeln so strikt einhalten zu können oder zu müssen.

Weil ich nach unserem Gespräch wissen möchte, wie Jesiden, die schon länger in Deutschland leben, über diese Problematik denken (und ob die Sache mit den Schnurrbärten wirklich stimmt), interviewe ich Sefik Tagay, Psychologe, Psychotherapeut und Vorsitzender der Gesellschaft Ezidischer Akademiker/-innen. Er lebt in Deutschland, seit er acht ist.

Herr Tagay, sind Schnurrbärte für Jesiden manchmal mehr wert als das Leben einer Frau?

Nein, das würde ich so nicht sagen. Schnurrbärte waren oder sind vielleicht in manchen Regionen immer noch das Erkennungszeichen der Jesiden. Vor allem ältere Jesiden schneiden ihre Schnurbärte nicht, diese sind ihnen heilig. Und ein Zeichen der Ehre. Aber ich trage zum Beispiel auch keinen Schnurrbart.

Wie ist die Stellung von Mann und Frau in der jesidischen Religion?

In den heiligen religiösen Texten gibt es zur Verteilung der Geschlechterrollen keine näheren Vorgaben, bis auf einige wenige Handlungsanweisungen für Männer und Frauen über sittsames Benehmen in der Öffentlichkeit. Es gibt also keine Anhaltspunkte für eine theologisch legitimierte Ungleichbehandlung von Mann und Frau. In den Herkunftsländern der Jesiden, also in Nordirak, Nordsyrien und in der südöstlichen

Türkei, sind jesidische Frauen den Männern trotzdem nicht gleichgestellt, denn wie alle anderen Gemeinschaften dort sind sie traditionell patriarchal und kollektivistisch geprägt. Der Grad der sozialen Kontrolle ist für eine Frau in einem solchen Gesellschaftssystem unverhältnismäßig größer als für einen Mann. Bei den Jesiden kommt außerdem hinzu, dass sie jahrhundertelang isoliert von ihrer Umwelt und weitgehend ohne Schulbildung gelebt haben. Und je geringer Bildungsgrad und Austausch mit der Welt außerhalb der Gruppe sind, desto ungleicher ist auch das Verhältnis zwischen den Geschlechtern.

Verändern sich die Rollen hier in Deutschland?

Die Jesiden, die bereits in den Siebzigerjahren als Gastarbeiter nach Deutschland kamen, nähern sich dem Modell der Gleichberechtigung immer mehr an. Viele haben einen enormen sozialen Aufstieg hinter sich. Etwa die Hälfte hat Abitur gemacht. Und bei jeder Generation kommt ein bisschen mehr Individualismus dazu. Jesiden, die hingegen erst kürzlich nach Deutschland geflohen sind, sind noch sehr deutlich patriarchal und kollektivistisch orientiert. Die Veränderung des Rollenverständnisses braucht Zeit.

Und wie handhaben Jesiden, die schon länger hier leben, die strengen Heiratsregeln?

Das lässt sich schwer verallgemeinern, aber ich würde sagen, viele legen sie nicht mehr ganz so streng aus. Grundsätzlich finde ich, dass wir Jesiden unsere Religion in der Diaspora anpassen müssen.

Inwiefern?

Das Prinzip der Abschottung, also der Heirat untereinander, war in unserer Heimat sinnvoll, weil wir seit jeher von den Muslimen verfolgt werden. Sie beschimpfen uns – ich darf diesen Begriff eigentlich nicht in den Mund nehmen – als Teufelsanbeter. Hier in Deutschland, wo übrigens inzwischen weltweit die meisten Exil-Jesiden leben, wird die Abschottung zum Problem. Hier sind wir nicht umgeben von Feinden, wir leben in Freiheit. Darin sehe ich ein großes Potential für eine bessere Überlebensfähigkeit unserer Gemeinschaft. Doch die Freiheit bedeutet auch: Jesiden haben im Alltag mit Deutschen zu tun, natürlich werden sich die Menschen auch ineinander verlieben. Die Vielfalt der Religionen fordert uns heraus, wir werden die Inhalte unserer Religion verschriftlichen und erklären müssen. Und uns weiterentwickeln.

So wie das Christentum sich weiterentwickelt hat? Vor nicht allzu langer Zeit galten in Deutschland Ehen zwischen Protestanten und Katholiken noch als Mischehen. Heute sind sie völlig normal.

Ja, oder wir könnten uns auch an der jüdischen Religion orientieren. Da reicht es, dass die Mutter Jüdin ist, um die jüdische Religion zu vererben.

Eine solche »Entwicklung« ist übrigens auch Hazals Hoffnung. »Vielleicht ändert die Zeit etwas«, sagt sie, als sie mich zur Tür begleitet.

Nach dem Interview verstehe ich einiges besser. Doch ein wirkliches Gefühl dafür, was es bedeutet, ein anderes als das gewohnte Geschlechterverständnis zu leben, oder noch schwieriger: es seinen Kindern zu vermitteln, bekomme ich erst, als ich nach Albatros reise.

»Das versteht nur, wer selbst Kinder hat« – zwei Aha-Erlebnisse

Ich habe mich bei einem interkulturellen Seminar angemeldet. Der erste Abend, wir – zwei Leiterinnen und zehn Kursteilnehmer, Alter und Geschlecht gemischt – sitzen im Stuhlkreis. Zwei Freiwillige werden gesucht. Ich melde mich. Mit einem anderen Teilnehmer werde ich vor die Tür geschickt. Dort erhalten wir eine schriftliche Anweisung, wie wir uns zu verhalten haben, wenn wir den Raum wieder betreten: Die Frau folgt dem Mann mit einigen Schritten Abstand. Sie gehen im Stuhlkreis umher und stellen bei allen, die die Beine übereinandergeschlagen haben, beide Füße auf den Boden. Der Mann berührt dabei nur Männer, die Frau nur Frauen. Danach setzt sich der Mann auf einen Stuhl, die Frau kniet daneben. Sie reicht dem Mann eine Schale mit Erdnüssen, er isst genüsslich. Danach reicht er die Schale der Frau, auch sie isst. Nach dem Essen legt der Mann der Frau sanft die Hand auf die Schulter. Sie beugt sich dabei nach vorn und berührt mit der Stirn den Boden. Dies wiederholen beide drei Mal. Danach stehen sie wieder auf, gehen den Stuhlkreis noch einmal ab, lächeln dabei und verlassen den Raum.

Wir gehen also im Stuhlkreis umher und tun, wie uns geheißen. Als ich zu Füßen des Mannes knie, überkommt mich ein richtiges körperliches Unwohlsein. Ich weiß natürlich in dem Moment, dass alles nur ein Spiel ist, doch auf dem Boden zu knien und dem Mann die Erdnüsse zu reichen, fühlt sich komisch an, unangenehm, falsch. Die Beklemmung, die ich dabei empfinde, ist mein erstes Aha-Erlebnis an diesem Abend.

Nach unserer Abschlussrunde im Stuhlkreis erfahren wir, dass wir uns auf der Insel Albatros befinden. »Mein Mann«

und ich sind Bewohner der Insel, die anderen Teilnehmer sind gestrandet. Anhand unserer kleinen Vorführung sollen sie herausfinden, in welcher Kultur wir leben, wie wir Inselbewohner uns verhalten. Zuerst sollen sie ihre Beobachtungen schildern (z. B. der Mann läuft vor der Frau, sie kniet, er sitzt), dann diese interpretieren (es handelt sich wohl um eine patriarchale Gesellschaft). Danach fragt eine der beiden Kursleiterinnen: »Stellt euch vor, ihr kommt nicht mehr von der Insel weg, müsstet dort leben. Wie erzieht ihr eure Kinder?« Mir ist sofort sonnenklar: Ich könnte meine Jungs nicht nach dem Vorbild der Albatros-Bewohner erziehen. Selbst wenn ich wüsste, dass sie es dann leichter hätten in der Gesellschaft. Genau das ist es aber, was ich von Nadja und Hazal erwarte. Es ist wie mit Kinderlosen, die sich mitunter anhören müssen: »Das versteht nur, wer selbst Kinder hat.« Ein blöder Spruch, und doch ist er wahr. Man kann zwar auch ohne eigene Kinder zu haben ahnen, dass es anstrengend ist, morgens zwei Kinder und sich selbst fertig zu machen. Doch wie lange ein Kampf um die zum Wetter passenden Schuhe dauern oder welche Heulanfälle ein in zu kleine Stücke geschnittenes Brot auslösen kann, davon hat man als Kinderloser keine Vorstellung. Dasselbe gilt für Kranke, Alleinerziehende, Rollstuhlfahrer, Kriegsveteranen – und eben auch für Flüchtlinge. Manche Dinge kann man nur verstehen, wenn man selbst Ähnliches erlebt hat. Oder wenigstens mal ein paar Stunden auf Albatros war.

Das zweite Aha-Erlebnis folgt bei der Auflösung des Spiels: Es handelt sich nämlich mitnichten um eine patriarchale Kultur, sondern um eine matriarchale, in der die Erde als Muttergottheit verehrt wird. Große Füße sind ein Schönheitsideal, denn sie ermöglichen einen guten Kontakt zur Erde. Die Kraft der Muttergottheit kann durch den Verzehr von Erdnüssen erschlossen werden. Sie sind eine rituelle Speise. Gästen wird besondere Ehrerbietung erwiesen, indem ihren Füßen möglichst viel Bodenkontakt gegeben wird. Da Frauen ebenso wie die Mutter Erde Leben hervorbringen können, haben sie besondere Privilegien. Männer müssen die Speisen der Frauen vorkosten und vor ihnen hergehen, um Gefahren abzuwenden. Frauen dürfen auf dem Boden sitzen, während Männern unbequeme Sitzgestelle, genannt Stühle, zur Verfügung stehen, die sie in Distanz zur Muttergottheit halten. Für ihre Dienste werden Männer belohnt, indem sie Frauen die Hand auf den Rücken legen dürfen. Diese neigen sich dann der Gottheit zu, nehmen Energie auf und leiten sie durch ihren Körper an den Mann weiter. Ansonsten ist es Männern nicht gestattet, Frauen ohne deren Aufforderung zu berühren.

Großes Gelächter, wir fühlen uns ertappt. Denn nicht einer von uns zehn hatte auch nur den leisesten Zweifel daran, dass es sich nicht um eine patriarchale Kultur handeln könnte. Alle Beobachtungen sprachen dafür. Genauer gesagt: Alle unsere Interpretationen sprachen dafür. Weil wir unsere kulturellen Erfahrungen zugrunde gelegt hatten. Weil wir von uns auf andere geschlossen hatten.

Noch einmal zurück zu Hazal und ihrer Tochter Rosin. Ich habe also gelernt und, wenn auch nur in einem Rollenspiel, selbst erfahren, wie schwer es fällt, dem eigenen Kind etwas anderes als die eigenen Werte oder das eigene Rollenverständnis zu vermitteln. Heißt das, dass ich, dass wir zu viel verlangen, wenn wir von Flüchtlingen fordern, dass sie unsere Werte und Normen – in diesem Fall Gleichberechtigung und die freie Partnerwahl – nicht nur akzeptieren, sondern auch selber leben müssen?

Ich finde nicht – zumindest nicht in diesem Fall. Nur weil etwas schwierig ist, bedeutet das nicht, dass wir es nicht einfordern dürfen. Jedoch sollten wir wirklich verstehen, was wir da verlangen. Und wir sollten zumindest eine Idee (und nicht nur Klischees) im Kopf haben, wie Frauen und Männer aus Syrien, Afghanistan, Iran oder Eritrea denken und handeln, wie die Flucht ihr Verhalten und Empfinden verändert hat. Das Geschlechterverständnis spielt dabei eine zentrale Rolle. Natürlich kann ich im Folgenden nicht *die* weiblichen oder *die* männlichen Flüchtlinge beschreiben. Doch es gibt Muster, die sich wiederholen, Verhaltensweisen, die sich ähneln.

Gebrochene Flügel – der schwere Neustart in das Leben als gleichberechtigte Frau

Ein Sechzigerjahre-Wohnviertel im Münchner Osten. Geht man von der Straße zwischen zwei Häuserreihen durch eine eiserne Tür, scheint die Zeit stehen geblieben zu sein. Auf dem Rasen im Innenhof reihen sich Wäschestangen aneinander, rostige Überbleibsel der deutschen Nachkriegszeit. An grünen Nylonschnüren trocknet die Wäsche, mitten in der Stadt. Ein Gebäude aber sticht heraus aus der ockerfarbenen Vergangenheit: ein weißes, neu renoviertes Haus. Vor dem Eingang zieht eine Frau ihre dunklen Brauen nach oben. Namen? Anliegen? »Security« steht in weißer Schrift auf ihrer Brust. Sie bewacht einen Ort, von dem es in Deutschland nicht viele gibt: ein Flüchtlingsheim nur für Frauen.

Das Haus ist die Antwort der Stadt München auf zahlreiche sexuelle Übergriffe, die es in Unterkünften auf Frauen gab und immer noch gibt. Statt der üblichen drei- bis fünfhundert Betten wie in anderen Unterkünften stehen hier gerade mal sechzig Betten für vierzig Frauen und ihre Kinder. Die Frauen können hier ihr eigenes Essen kochen, statt es vom Caterer geliefert zu bekommen, nach einer Flucht ist das ein Privileg; eine Frauenärztin kommt in die Unterkunft; eine Sozialpädagogin und mehrere pädagogische Hilfskräfte betreuen die Bewohnerinnen; eine ehrenamtliche Helferin unterrichtet Deutsch – auch die Frauen, die nicht aus den Top-5-Ländern kommen; die Kinder werden in dieser Zeit betreut, wenn sie nicht ohnehin schon in den Kindergarten oder in die Krippe gehen. Auch darum kümmern sich die Sozialarbeiter. Vor allem aber ist es für die Frauen ein wirklich sicherer Ort, oft der erste seit Jahren.

Hinter den weißen Mauern beginnt für sie ihr neues Leben in Deutschland – laut Grundgesetz Artikel 3, Absatz 2, eines als gleichberechtigte Frau. Sophia Berthuet gibt, wenn man so will, Starthilfe in dieses neue Leben. Das Büro der vierzigjährigen Soziologin liegt im zweiten Stock. Kein Einzelbüro, auch für die Heimleiterin nicht, der Platz im Haus ist knapp. Die wenigen Einzelzimmer sind Frauen mit älteren Kindern vorbehalten. Frauen ohne Kinder schlafen in einem Schlafsaal unter dem Dach, Frauen mit Babys zu siebt in einem Raum, dazwischen Stellwände. Das funktioniert? Berthuet nickt. »Wir hatten auch erst unsere Zweifel, ob das klappt, aber es geht ganz gut.« Alle Frauen eint, dass sie allein in Deutschland angekommen sind – und dass sie in der Regel mehr durchgemacht haben als Frauen, die mit ihren Familien geflohen sind. Sie sind vor Zwangsverheiratung geflohen, vergewaltigt worden, haben auf der Flucht oder im Krieg ihren Mann verloren. Half im früheren Leben eine ganze Großfamilie bei der Erziehung der Kinder, sind die Frauen nun auf sich allein gestellt. »Wir gehen außerdem davon aus, dass einige Kinder durch Vergewaltigungen gezeugt wurden«, sagt

Berthuet. »Die Frauen sind traumatisiert, leiden an Depressionen, Angstzuständen oder werden einfach ohnmächtig, wenn eine schlimme Erinnerung wieder hochkommt.« Die Bindung zwischen den Müttern und ihren Kindern sei deshalb häufig gestört. Den Kindern fehle das Urvertrauen.

Mir kommt das Gespräch mit Lisa in den Sinn, der Flüchtlingshelferin aus Berlin, die eine afrikanische Mutter mit Frühchen bei sich aufgenommen hat. Sie hatte berichtet, dass die Mutter nachts auf das Schreien ihres hungrigen Kindes manchmal nicht reagierte, einfach weiterschlief. Lisa musste aufstehen, um sie zum Stillen zu wecken.

Auch auf die Erziehung wirkt sich die Fluchterfahrung aus. Bei einer Veranstaltung der Inneren Mission in München erzählte eine Referentin zum Beispiel von einer Afghanin, die von einer Elternberaterin aufgefordert worden war, ihrem Kind stärkere Grenzen zu setzen. Sie hatte der Beraterin geantwortet: »Ich habe meinem Kind auf der Flucht immer den Mund zugehalten, damit wir nicht entdeckt werden. Ich habe mir geschworen, ich mache das nie wieder.«

Sophia Berthuets aktueller Sorgenfall in der Münchner Unterkunft für geflüchtete Frauen ist eine Mutter aus Nigeria, die allein mit ihren drei kleinen Kindern – alle zwischen eins und vier – gekommen ist. Selbst traumatisiert, sei sie mit der Erziehung der Kinder hoffnungslos überfordert, so Berthuet. »Die Kinder beginnen langsam zu verwahrlosen, sind viel auf sich allein gestellt. In einer normalen Unterkunft mit fünfhundert Bewohnern wäre sie uns vielleicht gar nicht aufgefallen.« Hier schon. In Gesprächen versuchen Berthuet und ihre Kolleginnen jetzt herauszufinden, wie sie der Frau und den Kindern am besten helfen können. Etwa indem sie über das Jugendamt eine Familienhilfe beantragen, einen Therapieplatz für die Mutter finden oder Kindergarten- beziehungsweise Krippenplätze organisieren. Da die Wartezeiten für Therapieplätze extrem lang sind (häufig über ein Jahr), bietet die Unterkunft auch eine Gruppentherapie an. Dabei geht es nicht um Aufarbeitung von Traumata, sondern darum, was man tun kann, wenn schlimme Erlebnisse wieder hochkommen oder triggern, wie es in der Fachsprache heißt. »Das hilft den Frauen vor allem dabei, im Alltag besser klarzukommen«, sagt Berthuet.

Natürlich brauchen nicht alle Frauen eine Therapie. Frauen, die mit ihren Familien geflohen und auch zusammen mit ihnen in Deutschland angekommen sind, sind psychisch meist wesentlich stabiler als alleinstehende. Gemeinsamkeiten gibt es trotzdem. Die nach außen hin auffälligste: Fast alle geflüchteten Frauen, egal ob Jesidinnen aus dem Irak, Muslima aus Afghanistan oder Christinnen aus Eritrea, halten sich – rein äußerlich – wesentlich bedeckter als wir. Obwohl sich Nadja und Hazal westlich kleiden: In armfreien Oberteilen oder kurzen Röcken habe ich sie noch nie gesehen. Nur einmal hat mir Nadja ein Foto gezeigt, auf dem sie lächelnd neben Jusuf steht und eine ärmellose Bluse trägt, im Hintergrund glitzert in der Sonne der Starnberger See. Das Foto schickte sie ihrem Vater. Es dauerte nicht lange, bis Nadja einen ermahnenden Anruf erhielt.

Auch Angst vor fremden Männern haben viele der Frauen, und zwar in für uns kaum vorstellbarem Ausmaß. In Flüchtlingswohnheimen trauen sich die Frauen mit ihren Kindern zum Beispiel oft gar nicht in die Gemeinschaftsküche, weil dort die Männer gern die Zeit totschlagen. Eine Freundin, bei der eine Irakerin putzt, erzählte, dass sie förmlich die Angst der Putzfrau spüren könne, wenn ihr Mann mal nach Hause komme, während sie noch da sei. Und von einer anderen Freundin hörte ich diese Geschichte: Ein Aushang im Kindergarten, »Babysitterin aus Syrien sucht …«. Die Freundin meldet sich. Zum Kennenlerngespräch erscheint eine 18-jährige gebildete Frau, die seit einem Jahr mit ihrer Familie in Deutschland lebt. Begleitet wird sie von ihrer Patin. Am Ende des Gesprächs bittet die Patin darum, dass erst mal nur meine Freundin die Übergaben macht, nicht ihr Mann. Alima, die Syrerin, habe Angst, er könne sich an ihr vergehen. Meine Freundin traute ihren Ohren nicht. Ihr Mann? An der Babysitterin vergehen? Doch sie willigte ein. Seitdem muss sie von Partys nach Hause fahren, wenn das Kind wach wird. Ihr Mann darf weiterfeiern.

Ebenfalls auffällig ist das starke Verantwortungsgefühl, das viele geflüchtete Frauen empfinden. Egal ob sie eine Fehlgeburt erleiden, wieder ein Mädchen zur Welt bringen, der Mann keinen Job findet oder der Vater stirbt – gefühlt ist es immer die Schuld der Frau. Als zum Beispiel Nadjas Vater im Irak überraschend bei einem Unfall stirbt, versammelt sich die ganze in Deutschland lebende Verwandtschaft bei Nadja und Jusuf. Die Frauen sitzen im Schlafzimmer beisammen und klagen laut. Nadjas ältere Schwester, die erst seit ein paar Monaten mit ihren acht Kindern in Deutschland lebt, schlägt sich dabei immer wieder ins Gesicht. »Sie denkt, es sei ihre Schuld, weil sie nicht bei ihm geblieben ist«, erklärt mir Nadja. Das Verhalten ihrer Schwester macht sie völlig fertig. »Ich kann das nicht sehen. Sag du ihr, dass sie sich nicht schlagen soll.«

Ein häufiges Thema ist außerdem der Verlust der Großfamilie. Sowohl Nadja als auch Hazal kommen aus Familien mit zehn beziehungsweise achtzehn Kindern. Besonders bei der Aufsicht und Erziehung des Nachwuchses fehlt ihnen die Unterstützung der Großfamilie (obwohl beide ja Cousins, Geschwister und Onkel in der Stadt haben, die meisten wohnen jedoch nicht um die Ecke). Ich weiß aus Berichten von anderen

Helfern, dass es vielen Frauen so geht wie ihnen. Im Sprachcafé drückte eine Afghanin ihren Schmerz über den Verlust ihrer Verwandtschaft einmal so aus: »Mir wurden meine Flügel gebrochen.«

Gleichzeitig ist vor allem den jüngeren Frauen durchaus bewusst, dass das Leben als Kleinfamilie in Deutschland auch Vorteile bringt, zum Beispiel mehr Rechte und Freiheit. Nadja und Hazal haben mir oft gesagt, wie sehr sie es in Deutschland genießen, dass sie unbeobachtet die Wohnung verlassen können, lernen und arbeiten dürfen. Eben weil sie nicht mit ihrer Großfamilie im selben Haus oder Heim wohnen und von ihr kontrolliert werden. Bei Pro Familia in Hamburg weiß man inzwischen: Selbst Infoveranstaltungen zur »Frauengesundheit« (so nennt Pro Familia Angebote in Flüchtlingsunterkünften, bei denen unter anderem über Verhütung, die Sexualität der Frau oder Frauenrechte gesprochen wird) müssen erst von den älteren Frauen der Familie für unbedenklich erklärt werden. Räumen diese nach einer halben Stunde das Feld und überlassen es den jüngeren Frauen, ist das ein gutes Zeichen. Sie vertrauen den Beraterinnen.

Andere Frauen sind vor allem erleichtert darüber, dass sie in Deutschland per Gesetz vor Gewalt in der Ehe geschützt sind. »Oft klatschen die Frauen in den Flüchtlingsheimen, wenn wir ihnen erzählen, dass Männer ihre Frauen in Deutschland nicht schlagen dürfen«, erzählt Shohreh Ghavidel, Beraterin bei Pro Familia in Bonn. »Verhaltener sind die Frauen, wenn wir ihnen erzählen, dass auch sie ihre Kinder nicht schlagen dürfen.«

Machtverlust und Provokation – der schwere Neustart in das Leben als gleichberechtigter Mann

Der größte Schock für Hany Rashidy kam kurz nach seinem Einzug ins Studentenwohnheim in Siegen. Nur in ein Handtuch gehüllt, so kam ihm eine neue Mitbewohnerin aus dem gemeinschaftlichen Badezimmer entgegen. Zu allem Überfluss lächelte sie auch noch, schaute dem damals zwanzigjährigen Studenten aus Ägypten in die Augen und streckte ihre Hand aus: »Hallo, ich bin Anna.« »Das war ein Schock für mich. Auf meiner Schule in Ägypten gab es nur Männer. Ich hatte kaum Kontakt zu Frauen, die nicht zur Familie gehörten«, erzählt Rashidy heute, zwölf Jahre später. Er hatte gelernt, Abstand zu Frauen zu halten, Augenkontakt zu vermeiden, denn der gilt in Ägypten als unhöflich. »Die Situation hat mich deshalb extrem eingeschüchtert. Ich habe mich nicht getraut, Anna anzusehen.« Schnell suchte Rashidy das Weite.

Heute kann der 32-Jährige über diese Szene lachen. Inzwischen ist er selbst Deutscher, arbeitet als vereidigter Arabisch-Dolmetscher bei Gericht oder in Asylverfahren und unterrichtet Deutsch an einer weiterführenden Schule. Seinen Schülern, darunter viele ehemalige Flüchtlinge, bringt er unter anderem bei, dass es normal ist, dass Frauen in Deutschland allein ausgehen. Dass es Gepflogenheiten wie FKK gibt, die nichts mit Sex zu tun haben, und dass ein offenes Lächeln nicht bedeutet, dass eine Frau scharf auf einen Mann ist. »Wir brauchen Kulturvermittler, die die Muttersprache der Flüchtlinge beherrschen und sie aufklären, und zwar sofort, wenn sie nach Deutschland kommen«, sagt Rashidy. Er unterteilt die geflüchteten Männer in drei Gruppen: sehr Religiöse, die so schüchtern sind, dass sie eine Frau nicht mal angucken, geschweige denn ihr die Hand reichen; sehr Weltoffene, die mit dem westlichen Lebensstil schon recht vertraut sind; und Ungebildete, schlecht Erzogene, die mit völlig falschen Vorstellungen kommen, etwa »Europäische Frauen sind leicht zu haben«, und sich entsprechend benehmen. »Die sind am schwierigsten zu integrieren, bei denen müssen wir uns besonders bemühen«, sagt Rashidy. Er selbst habe etwa drei Jahre gebraucht, bis er keine Angst mehr vor Frauen gehabt habe. »Früher konnte ich mir auch überhaupt nicht vorstellen, dass ein Mann mit einer Frau einfach so befreundet sein kann.« Inzwischen habe er mehrere gute Freundinnen.

Drei Jahre, das ist auch die Zeitspanne, die Andreas Ritter als Antwort bekam, als er einen jungen Mann aus Syrien fragte, wann er sich denn Hoffnungen auf eine erste Freundin hier mache. Ritter, 39, Sexualpädagoge, klärt in Berliner Flüchtlingsheimen männliche Flüchtlinge auf. Mal auf Englisch, mal mit der Hilfe eines Dolmetschers, beantwortet er Fragen wie: Warum finden sich nackte Menschen in deutschen Schulbüchern? Warum ist Schwul- und Lesbischsein nicht verboten? Wie funktioniert eine Ehe in Deutschland? Aber auch: Wie lang ist ein normaler Penis? Warum haben manche Deutsche Angst vor uns? Oder: Was ist ein Kondom? Neulich stand Ritter vor einer Gruppe in einer Flüchtlingsunterkunft, acht afghanische Männer zwischen 18 und 44. Zwei hatten schon mal ein Kondom benutzt, einer davon gehört, ein anderer kannte die Antibabypille. Der Rest kannte weder noch. Woher auch? Aufklärung im Schulunterricht gibt es in den meisten Herkunftsländern der Flüchtlinge nicht. Was man weiß, weiß man von Freunden oder entfernten Verwandten. In der Stadt ist das in der Regel noch etwas mehr als auf dem Land. Und während es beispielsweise im Iran bis vor Kurzem Verhütungsmittel kostenlos gab, ist in Afghanistan schon der Akt des Kaufens eine Wissenschaft für sich: Kondome kann Mann (Frauen nicht) in Kabul nur in der Apotheke kaufen. Der Käufer legt dafür wortlos eine kleine Summe auf den Tresen, der Apotheker versteht. Auch die Antibabypille ist auf diese klandestine Weise zu bekommen. Der Apotheker weiß: Schiebt die Frau eine kleinere Summe über den Tisch, will sie Binden kaufen, mit einem größeren Betrag die Pille, es gibt ohnehin nur eine Sorte – der Irrglaube, die Pille mache unfruchtbar, ist immer noch weit verbreitet.

Die Frage, die Ritter am häufigsten beantworten muss, ist die, warum Frauen, aber auch Männer, sich mitunter so knapp bekleiden. Das sei doch reine Provokation. Ritter versucht dann zu erklären, dass wir unsere Kleidung in erster Linie auswählen, um uns schön zu machen und uns selbst zu gefallen, nicht um mit Sexualpartnern anzubandeln. Wer es dann noch nicht versteht, dem erzählt Ritter von einem Foto. Darauf zu sehen: Ritters Mutter mit kurzem Rock und dem kleinen Andreas auf dem Arm. »Ah, jetzt verstehe ich«, hört Ritter dann oft, weil die Situation Mutter/Baby ein komplett unerotischer Kontext ist. »Die allermeisten wollen verstehen. Sie sind sehr daran interessiert, zu erfahren, wie es bei uns zwischen Männern und Frauen so läuft.« Vor allem bei den jüngeren Männern verspüre er eine große Sehnsucht danach, mit Deutschen in Kontakt zu kommen.

Ohnehin geraten die aus der Heimat gewohnten Rollen oft durcheinander. Verlierer sind dabei in der Regel die Männer. Denn sie sind – zumindest in der ersten Zeit nach der Flucht – nicht mehr der Ernährer, gehen nicht mehr zur Arbeit, müssen Zeit totschlagen. Für Frauen ändert sich weniger. Viele bleiben hier wie dort erst mal zu Hause. Dürfen sie einen Sprachkurs machen, lernen sie häufig schneller Deutsch als die Männer, emanzipieren sich. Und wer besser Deutsch spricht, hat auch bei den Kindern das Sagen. Im Kindergarten oder in der Schule werden deshalb oft die Frauen gefragt, wenn es um die Kinder geht. Solch eine veränderte Rollengewichtung halten nicht alle Ehen aus. Vor allem jüngere Paare trennen sich – manchmal sogar noch im Flüchtlingsheim.

Apropos Kinder. Ich kann nicht über Männer schreiben, ohne die große Kinderliebe von Jusuf und Jamil zu erwähnen – gegenüber den eigenen, aber auch gegenüber fremden Kindern. Vielleicht ist Kinderliebe auch das falsche Wort. Was mich beeindruckt, ist vor allem die Selbstverständlichkeit in ihrem Umgang mit den Kindern. Nie werde ich einen Besuch bei Hazal und Jamil vergessen, bei dem Leander, damals fünf Monate alt, nicht aufhören wollte zu weinen. Fliegergriff, Babytrage, Stillen – alle üblichen Beruhigungsstrategien versagten. Bis Jamil, den ich bis dahin vielleicht dreimal gesehen hatte, sagte: »Gib mir mal.« Er legte eine Hand auf den Bauch meines schreienden Sohnes, die andere auf den Rücken, kippte ihn leicht nach vorn und begann, ihn vor sich in der Luft zu ruckeln. Hoch und runter, hoch und runter, als sei das Baby eine Hantel um die Oberarme zu trainieren. Augenblicklich war Ruhe. Ich hielt den unbekannten Wundergriff sofort mit dem Handy fest und war voller Hochachtung – für den Griff, aber auch für Jamil. Welcher deutsche Mann (außer dem Vater) würde mir schon ein schreiendes Baby aus dem Arm nehmen und es dann auch noch beruhigen? Aus meinem Freundes- und Familienkreis keiner.

Ähnlich ist es, wenn ich Nadja und Jusuf besuche. Jusuf begrüßt Jonathan, meinen Ältesten, jedes Mal überschwänglich. Und wenn wir essen, nimmt er mir Leander ab. »Du in Ruhe essen«, sagt er dann und bespaßt ihn, bis ich fertig bin. Bei Arians zweitem Geburtstag waren vor Kurzem ein paar mir unbekannte Verwandte zu Gast. Der 21-jährige Cousin und Jusufs Bruder, um die fünfzig, nahmen Leander auf den Arm und trugen ihn herum. Der einzige Mensch, dem das anfangs komisch vorkam, war ich. Jeden Moment rechnete ich damit, dass der Kleine ob der vielen unbekannten Männer gleich losheulen würde, aber er tat es nicht. Vielleicht war es ihre unbefangene Art oder die Selbstverständlichkeit, mit der sie ihn trugen, die ihn still bleiben ließ.

Zu Beginn dieses Kapitels habe ich geschrieben, dass Jungs in den meisten Herkunftsländern der Flüchtlinge mehr wert seien als Mädchen. Das bedeutet allerdings nicht automatisch, dass die Eltern den Jungs den Vorrang geben oder sie lieber haben als die Mädchen. Ich kann jedenfalls bislang weder in Nadjas noch in Hazals Familie erkennen, dass die Jungs bevorzugt werden.

Zu Beginn des Kapitels habe ich auch geschrieben, dass die Gleichberechtigung von Männern und Frauen in Deutschland zwar noch nicht erreicht, aber in den vergangenen Jahrzehnten weit fortgeschritten ist. Bevor wir uns jedoch selbstlobend auf die Schulter klopfen und andere für ihr rückständiges Frauenbild kritisieren, möchte ich das Kapitel mit einer kurzen Geschichte beenden, die mir Simone Fleischmann, die Präsidentin des Bayerischen Lehrer- und Lehrerinnenverbands, erzählte. Als sie noch Rektorin war, wurden auch in der Turnhalle ihrer Schule in Poing bei München Flüchtlinge einquartiert. Sie kamen aus Eritrea und Syrien. Um in die Schule zu kommen, mussten die Schüler an der Turnhalle vorbei. Von ihrem Büro aus konnte die Rektorin beobachten, wie eine Gruppe Achtklässlerinnen sich immer in kurzen Röcken und mit tiefen Ausschnitten vor den Fenstern der Turnhalle rumdrückte. Irgendwann sprach Fleischmann die Mädchen darauf an. Sie waren hellauf empört, dass die jungen Männer in der Turnhalle – die meisten waren unbegleitete minderjährige Flüchtlinge – nicht auf ihr Kokettieren reagierten. »Sind das keine richtigen Männer, oder was?«, sagten sie. Fleischmann war baff. Es gelang ihr schließlich, drei der Flüchtlinge mit Dolmetscher in den Unterricht einzuladen. Sie erklärten den Schülern, auf welchen Werten ihr Handeln beruhte, warum ihre Religion es ihnen verbiete, Frauen in Miniröcken anzustarren oder vor der Ehe Sex zu haben. Als die Jungs wieder weg waren, fragte die Rektorin auch die Mädchen, auf welchen Werten denn ihr Handeln beruhe. Sie wussten keine Antwort.

Ist das Frauenbild unserer Gesellschaft wirklich in jeder Hinsicht so viel besser? Jeder kann sich diese Frage selber stellen. Und immer wieder neue Antworten finden.

Hazals Cousine hat übrigens noch ein Mädchen bekommen. Ihr sechstes. Und ich weiß inzwischen aus ziemlich sicherer Quelle: Auch in Deutschland gibt es Ärzte, die bei einer künstlichen Befruchtung nur männliche Spermien einsetzen, die also heimlich Jungs auf Bestellung machen.

7 INTEGRIEREN

Deutschland – Einwanderungsland wider Willen

Anfang Januar 2016 wird ein Post in den sozialen Medien tausendfach geteilt: »Wer sich im Geschichtsunterricht gefragt hat, wie in den Dreißigerjahren in kurzer Zeit so viel Hass gesät werden konnte, kann nun live zusehen.«

Es sind die Tage nach der verhängnisvollen Silvesternacht. Hunderte Diebstähle und sexuelle Übergriffe auf Frauen zählt die Polizei in Köln, Hamburg und Stuttgart. Die Willkommenskultur scheint in diesen Tagen zusammenzuschrumpeln wie ein alter Luftballon. Ganz Deutschland diskutiert über *den* arabischen Mann als Gefahr für *die* deutsche Frau. Fast täglich brennt irgendwo eine Flüchtlingsunterkunft. Die AfD labt sich an der Gesamtsituation. Und die Deutschen? Haben jetzt plötzlich ein diffuses Gefühl von Beklemmung – manche wegen der Hetzer, andere aus Angst vor männlichen Flüchtlingen, wieder andere fragen sich, ob man vielleicht doch zu viele Flüchtlinge ins Land gelassen hat. Nicht wenige lassen ihrem Unmut und ihrer Verunsicherung in den sozialen Netzwerken freien Lauf.

Was der bei Facebook und Twitter geteilte Satz aber auch beinhaltet, ist der Leitspruch meines Geschichtslehrers: Geschichte wiederholt sich. Nur die allerwenigsten Dinge passieren wirklich zum ersten Mal. Meistens verändern sich nur Nuancen, nicht aber die Farben selbst. Auch Migration hat es in der Menschheitsgeschichte immer gegeben. In Zehntausenden von Jahren hat sich der Mensch, von Afrika ausgehend, auf der Welt ausgebreitet. Sesshaftigkeit ist historisch gesehen eher ungewöhnlich, Wanderung der Normalzustand. Schübe von Massenmigration sind auch in der Neuzeit kein Sonderfall, sie wiederholen sich.

Auch die Gründe ähneln einander. Konflikte und Kriege, Armut, das veränderte Klima sowie der Nachzug der Familie sind die häufigsten Antriebe. Und Erfahrungen zeigen: Ist eine Migrationsbewegung erst mal in Gang, zieht sie fast automatisch weitere Einwanderer nach sich und ist nicht mehr zu stoppen.

Auch das diffuse Grundgefühl, wonach die aktuelle Migrationswelle etwas nie Dagewesenes, Gefährliches sei, ist nichts Neues in Deutschland. Es herrschte in den Sechzigerjahren vor, als die Gastarbeiter kamen, ebenso wie später bei den Balkanflüchtlingen, bei den Spätaussiedlern oder der EU-Osterweiterung. Verändert hat jede dieser Migrationswellen unser Land. Völlig durcheinandergebracht hat es keine. Darüber, dass seit den Achtzigerjahren zum Beispiel 3,4 Millionen (Spät-)Aussiedler nach Deutschland gekommen sind, redet heute kaum noch einer.

Ebenso normal ist eine gewisse Skepsis allen gegenüber, die heute kommen und morgen bleiben. Ein Misstrauen entsteht, bei manchen sogar die Angst der Überfremdung. Kulturelle Unterschiede werden für unüberwindbar gehalten. Doch auch hier zeigen sich Muster: Nach einer Zeit des Aufbegehrens der Aufnahmegesellschaft folgen Phasen des Nebeneinanderherlebens, bis irgendwann nach Generationen die Lager ausfransen und sich schließlich – im Idealfall – auflösen. Der

Schriftsteller Hans Magnus Enzensberger hat für diesen Prozess einmal das schöne Bild des Zugabteils verwendet, das als Territorium von einem Bahnfahrenden verteidigt wird. Den ersten Eindringling findet er furchtbar, sobald aber ein Dritter hinzukommt, verbünden sich die ersten beiden. Das gleiche Phänomen ist erkennbar, wenn man sich mit der Einwanderungsgeschichte der USA beschäftigt: Zuerst waren die Iren ein Problem. Ihr katholischer Glaube wurde als sehr fremd wahrgenommen in einem protestantischen Land. Dann kamen die Polen und die Italiener. Und plötzlich galten die Iren als integriert.

In Deutschland spielt sich gerade genau dasselbe ab. Auch wenn in Talkshows, Zeitungsartikeln und Facebook-Posts also bisweilen der Eindruck erweckt wird, Deutschland stehe vor einem nie dagewesenen Problem: Es war alles so oder so ähnlich schon mal da.

Um festzustellen, was sich verändert hat, und um das aktuelle Handeln einzelner Akteure besser zu verstehen, lohnt ein kurzer Blick zurück in die jüngere deutsche Einwanderungsgeschichte.

1955 bis zum Mauerfall: Am 10. September 1964 fährt ein Sonderzug aus Portugal im Bahnhof Köln-Deutz ein. Dutzende Reporter und ein Festkomitee stehen bereit. Alle warten auf Armando Rodrigues de Sá. Als der 38-jährige Portugiese aus dem Zug steigt, wird sein Name über Lautsprecher ausgerufen, »Viva Portugal«-Rufe ertönen. Der Zimmermann weiß nicht, wie ihm geschieht. Plötzlich bricht ein Blitzlichtgewitter über den hageren Mann mit dem Dreitagebart herein, eine Kapelle prustet los. Tata! Der millionste Gastarbeiter in Deutschland ist da! Sein Willkommensgeschenk: ein Strauß Nelken und ein Moped.

Seit 1955 hatte Deutschland mit Italien, Spanien, der Türkei, Portugal und anderen Ländern Anwerbeabkommen geschlossen. Mit dem massiven Ausbau des Außenhandels brauchte man mehr Arbeitskräfte, als zur Verfügung standen, vor allem gering qualifizierte Arbeitskräfte. Der Bau der Mauer stoppte zudem die Migration aus der DDR. Auch die DDR warb seit Mitte der Sechzigerjahre ausländische Arbeiter an. 1989 lebten knapp 94 000 Vertragsarbeiter hauptsächlich aus Vietnam und Mosambik in der DDR. Anders als im Westen durften sie aber maximal zwei Jahre bleiben und lebten streng isoliert in Wohnheimen.

Es ist der Beginn einer langwierigen Verwandlung vom Gastarbeiter- zum Einwanderungsland. Erschwingliche Wohnungen sind damals so knapp wie heute. Die Gesundheitsversorgung vieler Gastarbeiter ist nicht gewährleistet, das Verhältnis zwischen Ausländern und Einheimischen oft angespannt. Ghettos entstehen (und ich meine hier wirkliche Ghettos ohne Aus- und Aufstiegschancen), sind mitunter sogar gewollt. Für die Kinder von Gastarbeitern gibt es extra Schulklassen. Weil man davon ausgeht, dass die Gastarbeiter nur vorübergehend bleiben, bemüht man sich erst gar nicht um Integration. Man könnte auch sagen: Sie soll verhindert werden.

Ganz unwohl sollen sich die Arbeiter in der Fremde allerdings auch nicht fühlen. Das Landesarbeitsamt in Stuttgart veröffentlicht eine Pressemitteilung mit dem Titel »Ratschläge für die Zubereitung von Speisen nach italienischer Art«:

> »Die italienischen Arbeitskräfte bereiten ihre Speisen gerne selbst zu. Soweit aber Italiener vom Arbeitgeber verpflegt werden, sind folgende Ratschläge des italienischen Konsulats in Stuttgart für die Zubereitung von Speisen für italienische Arbeitskräfte zu empfehlen: Der Italiener liebt

im Allgemeinen keine flüssigen und dünnen Soßen, insbesondere keine Mehlsoßen. Zu Teigwaren, die nicht zu weich gekocht werden sollten, gibt man Tomatensoße. Der Italiener ist nicht gewohnt, Obstsäfte (Most) zu trinken: Zum Essen trinkt er mit Vorliebe Wein und Wasser, während des Tages – und abends auch Milch.«

Nach dem Anwerbestopp 1973 gehen, anders als geplant, nicht alle 14 Millionen Gastarbeiter in ihre Heimat zurück. Vor allem Türken, Italiener und Jugoslawen bleiben. Familienangehörige ziehen nach, Kinder ausländischer Eltern werden in Deutschland geboren.

1978 soll sich der erste »Beauftrage der Bundesregierung für die Integration der ausländischen Arbeitnehmer und ihrer Familienangehörigen« ihrer annehmen. Heinz Kühn, SPD-Politiker und früherer Ministerpräsident des Landes Nordrhein-Westfalen, stellt 1979 in einem Memorandum unter anderem fest, dass mit der Arbeitnehmeranwerbung eine unumkehrbare Entwicklung eingetreten sei und dass das Faktum der Einwanderung anerkannt werden müsse. Er spricht sich gegen den Kurs seiner Partei und den aller Bundesregierungen seit den Fünfzigerjahren aus.

Kühn sagt außerdem voraus, dass sich auch in Zukunft viele Einwanderer in Deutschland dauerhaft niederlassen würden. Ihnen müsse ein Angebot zur vorbehaltlosen und dauerhaften Integration gemacht werden. Das bisher verfolge Konzept einer »Integration auf Zeit« bezeichnet Kühn als »in sich unrealistisch und widersprüchlich.« In der Koalitionsvereinbarung von CDU und FDP heißt es 1983 trotzdem: »Die Bundesrepublik Deutschland ist kein Einwanderungsland. Es sind daher alle humanitär vertretbaren Maßnahmen zu ergreifen, um den Zuzug von Ausländern zu unterbinden.«

Asylpolitik der Neunzigerjahre: Hatten Asylbewerber bis Mitte der Achtzigerjahre in Deutschland eine eher untergeordnete Rolle gespielt, so ändert sich dies Ende des Jahrzehnts. Der Bürgerkrieg in Sri Lanka, die Unterdrückung der Kurden in der Türkei und im Irak sowie der Bürgerkrieg im ehemaligen Jugoslawien lassen die Zahl der Asylbewerber rasant steigen. Der vorläufige Höhepunkt wird nach dem Fall der Mauer erreicht: 1992 beantragen in Deutschland 440 000 Menschen Asyl. Fast drei Viertel von ihnen stammen aus Ost- und Südosteuropa. Dazu gehören vor allem Bürgerkriegsflüchtlinge aus Jugoslawien sowie Roma aus Rumänien und Bulgarien. Der Anstieg führt zu langer Verfahrensdauer und verursacht erhöhte Kosten bei den Kommunen. Außerdem wähnen viele Deutsche die innere Sicherheit in Gefahr. In Umfragen wird das »Asylantenproblem« zur Sorge Nummer eins der Deutschen.

Mit der deutschen Wiedervereinigung verbreitet sich eine ausländerfeindliche Grundstimmung. Bei den Landtagswahlen im April 1992 triumphiert Rechtsaußen: Die Republikaner kommen in Baden-Württemberg auf 10,9, in Schleswig-Holstein schafft die DVU 6,3 Prozent. Es beginnt eine der wohl schärfsten und polemischsten Auseinandersetzungen der deutschen Nachkriegsgeschichte. Die Asyldebatte wird begleitet von gewaltsamen Übergriffen, etwa den Brandanschlägen in Rostock-Lichtenhagen (1992), Mölln (1992) und Solingen (1993), wo ein rechter Mob Asylbewerberunterkünfte und Wohnhäuser von Einwanderern angreift. Auch wenn die Brandanschläge einen Aufschrei und Lichterketten nach sich ziehen, ist der breite Konsens zu dieser Zeit: Deutschland ist kein Einwanderungsland. Die Mehrheit der Bevölkerung und die Politik sind der Meinung, dies gegen die gesellschaftliche Wirklichkeit durchsetzen zu können – mit einem strengen Anti-Integrations-Kurs.

Am Morgen des 26. Mai 1992 gipfeln die immer stärker werdenden Auseinandersetzungen in einem Aufstand: Im Bonner Regierungsviertel protestieren Tausende Demonstranten gegen die geplante Abstimmung über das Asylrecht. Sie blockieren die Zugänge zum Bundestag, legen den Verkehr lahm. Das erste Mal in der Geschichte der Bundesrepublik soll ein Grundrecht geändert werden, das Grundrecht auf Asyl. Die Abgeordneten gelangen schließlich per Schiff und Hubschrauber in den Ersatzplenarsaal, das Bonner Wasserwerk. Mehr als zwölf Stunden debattieren sie, dabei ist die für Verfassungsänderungen notwendige Zweidrittelmehrheit schon vor der Debatte gesichert: Nach zwei Jahre langem Ringen hatte sich die SPD zuvor mit der schwarz-gelben Bundesregierung unter Helmut Kohl auf den sogenannten Asylkompromiss geeinigt. Das bis dahin uneingeschränkt geltende Prinzip »Politisch Verfolgte genießen Asyl« wird an die Erfüllung bestimmter Bedingungen geknüpft, etwa die Drittstaatenregelung: Wer aus einem sicheren Drittland einreist, kann keinen Asylantrag mehr stellen. Oder die Liste verfolgungsfreier Staaten. Auch Bürger dieser Staaten können keinen Asylantrag stellen. Außerdem wird das Asylbewerberleistungsgesetz eingeführt, das die Höhe und Form von Leistungen regelt, die Asylbewerber und Geduldete in Deutschland beanspruchen können.

Der Kompromiss erscheint den einen als rettende Reform, den anderen als das Ende des grundgesetzlich verbrieften Asylrechts. Er wird in den folgenden Jahren begleitet von »Maßnahmen zur Verringerung von Fluchtanreizen«, zum Beispiel reduzierte Sozialleistungen, Arbeits- und Studierverbot, Residenzpflicht oder jahrelang andauernde Asylverfahren. Die Maßnahmen zeigen Wirkung: Die Zahl der Asylbewerber geht stark zurück. Viele der Flüchtlinge aus Jugoslawien kehren freiwillig in ihr Heimatland zurück, denn Deutschland betreibt auch hier eine aktive Rückführungs- und strenge Abschiebepolitik. Ab 1998 regiert Rot-Grün. Es ist die erste Bundesregierung, die sich zu Deutschland als Einwanderungsland bekennt.

Die Zweitausenderjahre: Das neue Jahrtausend bringt Deutschland ein neues Staatsangehörigkeitsgesetz. Die rot-grüne Regierung macht Schluss mit dem veralteten reinen Abstammungsprinzip. Das neue Gesetz soll den Nachkommen der Migranten die Identifizierung mit ihrem Heimatland Deutschland erleichtern. Es ermöglicht Kindern ausländischer Eltern den Erwerb der deutschen Staatsangehörigkeit, wenn sie hier geboren werden und ein Elternteil mindestens seit acht Jahren rechtmäßig in Deutschland lebt und ein unbefristetes Aufenthaltsrecht besitzt.

2005 kommt das Zuwanderungsgesetz. Es bezeichnet zum ersten Mal die Förderung der Integration als gesetzliche Aufgabe des Bundes. Es ist die Geburtsstunde der Integrationskurse.

Seit 2006 steigt die Zahl der Zuwanderer nach Deutschland wieder. Die meisten Neuankömmlinge sind allerdings keine Asylbewerber. Sie kommen aus Mitgliedstaaten der EU. Die Freizügigkeit ermöglicht es ihnen, ohne Visum nach Deutschland einzureisen und hier zu arbeiten. 2013 sind es 1,2 Millionen Menschen, mehr als die Hälfte stammt aus EU-Staaten, die meisten aus Polen, Italien und Rumänien.

Ende des Jahrzehnts schließlich betritt Thilo Sarrazin die Bühne. Mit seinem Buch *Deutschland schafft sich ab* schürt der SPD-Politiker die Islamfeindlichkeit im Land. Deutschland »verdumme«, weil die sogenannte Unterschicht und Muslime zu viele Kinder bekämen. Muslimische Migranten integrierten sich überall in Europa schlechter als andere Einwanderergruppen. Mit diesen Äußerungen erntete er von vielen Seiten heftige Kritik – aber auch Beifall.

2015 bis heute: Nach den USA ist Deutschland heute das zweitbeliebteste Zielland für Einwanderer innerhalb der OECD, also der reichen Industrienationen. Die meisten Zuwanderer kommen aus Rumänien, gefolgt von Polen, Bulgarien und dem jüngsten EU-Mitglied Kroatien. Auch die Zahl der Asylanträge steigt 2015 stark an. 480 000 Asylanträge werden beim BAMF gestellt, 280 000 mehr als im Vorjahr. 2016 sind es 746 000. Das ist die bislang höchste Zahl von Asylbewerberzugängen, die je in Deutschland verzeichnet worden ist. Die Schutzquote für alle Herkunftsländer liegt 2016 bei 62 Prozent.

Die Anschläge auf Flüchtlingsunterkünfte in Tröglitz, Clausnitz und Freital erinnern viele Deutsche zwar an die frühen Neunzigerjahre. Doch so schrecklich auch diesmal die Übergriffe sind: Die Grundstimmung ist 2015/16 eine andere. Der rechte Terror und der Aufstieg der AfD spielen sich heute in einem Land ab, das nicht mehr darum streitet, ob überhaupt Menschen ins Land kommen dürfen, sondern nur noch darum, wie viele, welche und mit welcher Geschwindigkeit. Einen echten Einwanderungsstopp will auch die CDU nicht mehr (zumindest ein Großteil der Partei nicht). Und auch wenn die Willkommenskultur inzwischen nicht mehr so euphorisch praktiziert wird: Flüchtlingssolidarität ist nach wie vor eine breite soziale Bewegung.

Der Sinneswandel kommt nicht aus reiner Gutmenschlichkeit. Weltpolitische und ökonomische Gründe spielen eine wichtige Rolle. Seit Langem fordern Wirtschaftsverbände und Unternehmen mehr Zuwanderung. Der Wandel ist jedoch auch das Werk von Migranten und Flüchtlingen selbst. Vor allem aus der zweiten und dritten Einwanderergeneration haben einige den Bildungsrückstand aufgeholt und besetzen inzwischen wichtige Posten in Politik, Wissenschaft, Medien, Sport oder Kultur. Sie haben sich organisiert und Gehör verschafft. Mehr als dreißig Migranten-Dachorganisationen sowie unzählige Initiativen und Unterorganisationen gibt es inzwischen in Deutschland.

Viele von ihnen kritisieren das neue Integrationsgesetz, das seit Juli 2016 gilt, als «Integrationsverhinderungsgesetz«, unter anderem wegen der Wohnsitzauflage sowie der Kürzung von Sozialleistungen, wenn die Teilnahme am Integrationskurs verweigert wird. Doch Kritik hin oder her, Tatsache ist: Die Flüchtlingskrise hat eine Flut an neuen Gesetzen oder Gesetzesänderungen, Initiativen, Maßnahmen, Sonderhaushalten und Helfergruppen nach sich gezogen. Auch das BAMF will mit der Dauer der Asylverfahren keine Abschreckungspolitik mehr betreiben. Offiziell beträgt die Bearbeitungszeit Ende 2016 nur noch 6,7 Monate, bei Neufällen 1,8 Monate (faktisch allerdings länger, das BAMF misst die Zahl erst ab der offiziellen Antragstellung). Mit sogenannten Ankunftszentren will das BAMF Asylverfahren nach dem Vorbild Norwegens in Zukunft sogar innerhalb von 48 Stunden abschließen. Um es mit Roman Herzogs Worten zu sagen: Durch Deutschland ist ein Ruck gegangen. Doch die Mammutaufgabe, die Integration Hunderttausender Flüchtlinge, hat gerade erst begonnen.

Nach einer Woche im spanischen Ferienhaus sind wir auf unserem Elternzeit-Trip in Südfrankreich angelangt. Ich schreibe Postkarten an Nadja und Hazal, in Großbuchstaben, damit sie die Karten den Kindern vorlesen können. Vier Wochen später erhalte ich von Nadja erst ein Foto meiner Postkarte (die Rückseite), dann diese Whatsapp:

> Hallo Ann-Kathrin hast du zeit dise brif lesen 11:36

> Liebe Nadja, das ist eine Postkarte von uns aus Frankreich ☀ 22:59

> Was ist Frankreich* 23:03

> Ein Land 😊, der westliche Nachbar von Deutschland. Da waren wir im Urlaub. 23:05

> Ach so. Und für was diese Karte 23:06

> Das machen wir in Europa so – einfach, um Grüße aus dem Urlaub zu schicken. 😊😚 23:08

> Ach so, toll, vielen Dank. 😚😚🌛★ 23:11

---

* Auch ich habe bei dieser Frage kurz gestutzt. Vermutlich hat Nadja nicht genau überlegt, denn eigentlich kennt sie Frankreich. Sie ist sogar schon dort gewesen.

Muss man wissen, was eine Postkarte ist, um zu unserer Gesellschaft zu gehören?
Muss man Ikea kennen?
Braucht es das Gefühl, Deutscher zu sein, um als Mitglied anerkannt zu werden?
Muss man deutsche Freunde haben?
Darf ein strengreligiöser Lagerarbeiter sich weigern, Bierkisten zu stapeln?
Darf eine Richterin Kopftuch tragen?
Muss ein muslimischer Vater der Lehrerin seines Sohnes die Hand geben?
Darf ein Vermessungstechniker auf der Baustelle fasten?
Darf eine afrikanische Frau die vierjährige Tochter auf ein Baby aufpassen lassen?
Wer ist ab wann deutsch?
Oder: Wer ist ab wann gut integriert?

Klar, man sollte Deutsch sprechen, einen Bildungsabschluss haben, arbeiten. Nach diesen Kriterien wäre allerdings auch Mohammed Atta, einer der Todespiloten vom 11. September, gut integriert gewesen. Er beherrschte die deutsche Sprache sogar so gut, dass er in Deutschland ein Stadtplanungsstudium absolvieren und abschließen konnte. Andererseits müsste man viele Akademiker als nicht integriert bezeichnen, die – oft auch nach mehreren Jahren in Deutschland – kaum Deutsch sprechen, sondern sich überall mit Englisch durchschlagen. Die deutsche Staatsbürgerschaft taugt ebenso wenig als Bestimmungsmerkmal, denn auch zahlreiche Migranten ohne deutsche Staatsbürgerschaft sind gut integriert – was man wiederum nicht von allen Besitzern eines deutschen Passes behaupten kann. Und natürlich muss sich, wer in unserem Land leben will, an Gesetz und Verfassung halten, an Demokratie, Gleichberechtigung von Mann und Frau, Meinungs- und Religionsfreiheit. Allerdings: Könnte dann nicht auch so mancher AfD- oder CSU-Politiker im Integrationskurs noch dazulernen?

Was also verstehen wir unter »gelungener Integration«?

Es gibt auf diese Frage in Deutschland leider keine allgemeingültige Antwort. Einer Definition muss man sich von verschiedenen Seiten nähern. Zum Beispiel von der staatlichen. Auf der Webseite des Bundesinnenministeriums steht: »Gelungene Integration bedeutet, sich einer Gemeinschaft zugehörig zu fühlen. Sie bedeutet die Entwicklung eines gemeinsamen Verständnisses, wie man in der Gesellschaft zusammenlebt.«

Ähnlich formuliert es Farhad Dilmaghani: »Für mich ist jemand gut integriert, wenn er gut teilhaben kann am gesellschaftlichen Leben und sich gut orientieren kann.« Der Staatssekretär a. D. mit iranischen Wurzeln ist Migrationsexperte und Gründer der Initiative »Deutsch plus« für ein plurales Deutschland. Integration, so Dilmaghani, beschreibe die Anfangsphase, die ersten ein, zwei Jahre, danach gehe es mehr um Teilhabe. Allerdings weiß Dilmaghani nur zu gut, dass manche Menschen unter Integration etwas ganz anderes verstehen. Während eines Empfangs raunte ihm am Buffet ein Mann ins Ohr: »Schweinefleisch zu essen gehört übrigens auch zur Integration.«

Befragt man Soziologen, so bekommt man von Annette Treibel, Migrationsforscherin seit mehr als dreißig Jahren, zu hören: »Ich bin Pragmatikerin. Für mich bedeutet gelungene Integration, dass man miteinander klarkommt.« Die Autorin des Buches *Integriert Euch! Plädoyer für ein selbstbewusstes Einwanderungsland* sorgte bundesweit für Aufsehen, als sie vorschlug, Integrationskurse auch für Deutsche anzubieten. »Eine gewisse Offenheit muss in der Aufnahmegesellschaft schon da sein, sonst funktioniert es nicht.« Integration sei anstrengend, sowohl für die Ankommenden als auch für die Aufnehmenden.

Zieht man, etwas grundsätzlicher, die sozialwissenschaftliche Literatur zu Rate, so erfährt man: Überall auf der Welt haben Menschen unterschiedliche Vorstellungen davon, wie sie sich selbst oder andere in die Gesellschaft eingliedern möchten oder sollen. Im Kern geht es dabei stets um die beiden folgenden Fragen: Sollen oder dürfen die Neuankömmlinge an der Mehrheitsgesellschaft teilhaben? Und inwieweit sollen die Neuen die Kultur der aufnehmenden Gesellschaft annehmen und ihre alte dafür ablegen? Aus der Beantwortung dieser Fragen leiten Migrationsforscher vier Szenarien ab:

1. Integration = Teilhabe ja / Kulturerhalt ja
2. Assimilation = Teilhabe ja/ Kulturerhalt nein
3. Separation = Teilhabe nein/ Kulturerhalt ja
4. Exklusion = Teilhabe nein / Kulturerhalt nein

Integration, und somit auch gelungene Integration (im Grunde ist dieses Wortpaar ja eine Tautologie), bedeutet also nicht nur Teilhabe an der Mehrheitsgesellschaft, sondern auch, dass die Neubürger ihre eigene Kultur beibehalten dürfen.

Befragt man schließlich die Deutschen selbst, ist die mehrheitliche Antwort: Die Migranten müssen sich stärker anpassen. Zu diesem Ergebnis kam Anfang 2016 jedenfalls eine repräsentative Studie der Universität Bielefeld, bei der 2000 Männer und 1300 Frauen im Alter von 18 bis 94 Jahren befragt wurden, Menschen mit ebenso wie Menschen ohne Migrationshintergrund. Die Konfliktforscher hatten jeweils zum Jahreswechsel 2013/14 und 2015/16 Einstellungen, Meinungen,

Gefühle und Vorstellungen von Menschen gegenüber Einwanderern erfragt. Waren es zur Jahreswende 2013/14 noch 36 Prozent, die forderten, Migranten hätten sich an Deutsche anzupassen, so befürwortete dies Anfang 2016 mehr als jeder Zweite (54 Prozent). Unter den Deutschen mit Migrationshintergrund sprachen sich sogar knapp sechzig Prozent für eine solche Anpassung aus.

Ausgerechnet Menschen mit ausländischen Wurzeln sind also für eine stärkere Anpassung – ein überraschendes Ergebnis? Im Gegenteil. Der niederländische Migrationsforscher Paul Scheffer etwa hat immer wieder darauf hingewiesen, dass Migration zunächst eine Verlusterfahrung für die Menschen ist. Sie suchten Orientierung und Halt. Der Aufnahmeprozess in eine neue Gesellschaft führe bei Migranten deshalb sehr häufig dazu, dass sie in der Fremde konservativer würden, als sie es vorher waren.

Zurück zur Bielefelder Studie: Auch die Bedingungen, die Deutsche für eine Zugehörigkeit zu unserer Gesellschaft stellen, haben sich verschärft. Ab wann sind Menschen mit ausländischen Wurzeln deutsch, fragten die Forscher. Insgesamt sieben Kriterien – von der deutschen Sprache über die Achtung politischer Institutionen bis hin zu sozialem Engagement – gewannen 2016 stark an Bedeutung. Ein deutscher Pass allein reicht nicht mehr, um als Deutscher wahrgenommen zu werden. Die beiden wichtigsten Kriterien waren den Befragten zufolge die Sprache und das Achten von politischen Institutionen und Gesetzen. Befragte mit Migrationshintergrund fanden eine Erwerbstätigkeit wichtiger, Menschen ohne Einwanderungsgeschichte hingegen den Umstand, dass sich Migranten in Deutschland heimisch fühlen.

Heimisch fühlen – für mich persönlich ist dieses Kriterium neben den üblichen (Sprache lernen, arbeiten, Gesetze respektieren) zentral. Natürlich muss man nicht wissen, was eine Postkarte ist, um gut in Deutschland leben zu können. Man muss auch Ikea nicht kennen. Andererseits: Jeder Deutsche weiß, was eine Postkarte ist. Jeder Deutsche kennt Ikea. Beides sind winzige Puzzleteile im großen Ganzen, und oft sind es genau solche Kleinigkeiten, Dinge des alltäglichen Lebens, die ein Zugehörigkeitsgefühl vermitteln, die Heimat schenken. Hassan Ali Djan, der Autor des Buches *Afghanistan, München, ich*, erzählte mir zum Beispiel, seine Patin habe ihm beigebracht, Äste im Garten zu schneiden. »Solche Dinge zu können, hat mir ein Gefühl von Heimat gegeben.« Als ich Hazal einmal fragte, was sie von dem im »mona lea«-Programm Gelernten besonders nützlich finde, sagte sie: »Dass ich jetzt die Waschanleitung in den Klamotten verstehe.« Und ein Betreuer der Jugendhilfe Feldkirchen schilderte mir den Moment, als er die Ver- und Bewunderung in den Augen eines jugendlichen Flüchtlings sah, der zum ersten Mal in seinem Leben Frischhaltefolie in Händen hielt.

Als Vermittler genau dieser winzigen Puzzleteile sind Paten unersetzlich. Natürlich suchen sie auch Deutschkurse und Wohnungen, begleiten zum Arzt oder zu Behörden. Aber das könnten im Zweifel auch andere übernehmen. Postkarten schreiben, zum Geburtstag einladen oder auch mal in den Arm nehmen – das können andere nicht.

Zusammengefasst bedeutet Integration also nicht Assimilation, auch wenn einige Deutsche das anders sehen. Sie kann, je nach Sichtweise, in Einzelfällen sogar ohne deutsche Sprachkenntnisse gelingen (miteinander klarkommen kann man auch auf Englisch), doch sie gelingt wesentlich leichter, wenn die Sprache erlernt wird. Absolut notwendig ist allerdings das Anerkennen der Verfassung und ihrer Grundrechte. Denn die Verfassung ist der feststehende Rahmen für eine Gesellschaft, die sich durch Globalisierung, Auflösung der Grenzen und eine weltweite Migration in Zukunft immer schneller und stärker verändern wird. Um sich zur Gesellschaft zugehörig zu fühlen, spielen die besagten Kleinigkeiten des Alltags eine wichtige Rolle. Und natürlich unsere sozialen Normen und Werte.

Rosis Verderben – eine Frage der Werte

Es ist schon fast ein Reflex. Nimmt irgendwo ein Politiker das Wort »Flüchtlinge« in den Mund, fordert irgendwo ein anderer, wir Deutschen müssten *unsere* Werte hochhalten, schützen, verteidigen, durchsetzen. Aber was sind eigentlich *unsere* Werte? Schon vor 130 Jahren schrieb Friedrich Nietzsche, es kennzeichne die Deutschen, dass bei ihnen die Frage »Was ist deutsch?« niemals aussterbe. So auch im Jahr 2017: Deutschland diskutiert noch – oder schon wieder? –, was eigentlich deutsch ist.

Unsere Werte sind dabei das Herz der Diskussion. Das Auffälligste an ihnen ist zunächst einmal ihre völlig ominöse Gestalt. Wie eine Herde Gespenster jagen sie durch Talkshows, Parlamente und (soziale) Medien – jeder spricht über sie, doch keiner bekommt sie je zu sehen, geschweige denn zu fassen. Das Grundgesetz und Weltoffenheit zählen bei den meisten Menschen dazu, aber dann? Schon bei den preußischen Sekundärtugenden Pünktlichkeit, Sauberkeit, Strebsamkeit oder Fleiß enden die Gemeinsamkeiten.

Weil häufig in der Werte-Debatte plötzlich neben der Demokratie auch der Schweinsbraten auftaucht, an dieser Stelle eine kurze Begriffsklärung: Werte sind immer positiv formuliert, eher theoretisch, und sie beschreiben, welche Haltung oder Eigenschaft einer Gruppe wichtig sind, also »etwas wert« sind, zum Beispiel Respekt, Rücksichtnahme, Selbstbewusstsein, Toleranz (der Schweinsbraten ist also kein Wert, auch wenn er vielen Bayern sehr wichtig ist). Normen und Regeln beziehen sich eher auf die praktische Ebene. Sie ermöglichen ein geordnetes Zusammenleben der Menschen und haben meist restriktiven Charakter, man kann also konkret dagegen verstoßen. Es gibt Normen, die befolgt werden müssen (Gesetze), andere, die befolgt werden sollen (in der Kirche nicht laut reden).

Zusammen mit den Werte-Gespenstern geistert seit nun schon fast zwanzig Jahren die »Leitkultur« durch die Republik. CDU und CSU ziehen den Begriff immer dann gern aus dem Hut, wenn die Asylbewerberzahlen mal wieder steigen. Eine mehr oder weniger absurde Definition löst die andere ab. Geht man zum Ursprung all der Aufregung, landet man nicht etwa bei Franz Josef Strauß, sondern bei einem syrischen Orientalisten. Der in Deutschland lebende Politologe Bassam Tibi war es, der den Begriff 1998 zum ersten Mal verwendete. Er schrieb, eine »europäische Leitkultur« basiere auf westlichen Wertvorstellungen: Demokratie, Laizismus, Aufklärung, Menschenrechte und Zivilgesellschaft. Um Kultur ging es Tibi damals nicht.

Friedrich Merz war es, der die Leitkultur zwei Jahre später eindeutschte. An die deutsche Leitkultur sollten sich Zuwanderer anpassen, forderte der Fraktionsvorsitzende der CDU. Es folgte die erste große Leitkultur-Debatte mit viel »Vaterland« von der CDU, mit vielen Rassimus-Vorwürfen von der Opposition, nur leider ohne ernsthafte Definition des Begriffs.

Nun, da die Asylbewerberzahlen erneut gestiegen sind,

haben CDU und CSU also ihre Liebe zur Leitkultur wiederentdeckt. Obwohl (oder vielleicht gerade weil) immer noch kein Mensch weiß, was die deutsche Leitkultur überhaupt ist, schreibt die CSU im eigenen Integrationsgesetz diesmal sogar eine bayerische Leitkultur fest und verpflichtet alle Flüchtlinge zur »unabdingbaren Achtung« derselben. Was genau das sein sollte, wollte eine Grünen-Politikerin in einer Anfrage an das Bayerische Sozialministerium wissen. Antwort des Ministeriums: »Ganz Bayern ist geformt von gewachsenem Brauchtum, von Sitten und Traditionen.« Außerdem, so steht es im Gesetz, sollten Flüchtlinge sich mit den in Bayern »vorherrschenden Umgangsformen, Sitten und Gebräuchen« vertraut machen. Mit welchen, fragte die Grünen-Politikerin. Antwort: »Die vorherrschenden Umgangsformen, Sitten und Gebräuche, die im Einklang mit Recht und Gesetz stehen, sind zu respektieren.« Ah ja.

Das Problem an der Werte- und Leitkultur-Debatte ist jedoch nicht nur, dass keiner genau weiß, was damit gemeint ist. Auch innerhalb einer Gesellschaft gibt es bei der Gewichtung von Werten Unterschiede, wie die folgende Übung zeigt. Ich habe sie in einem Seminar mit dem Titel »Eine Frage der Werte!?« gemacht. Es gilt, die folgenden fünf Personen nach Sympathie zu platzieren (am sympathischsten auf Platz 1, am unsympathischsten auf Platz 5):

> *Rosi* ist eine Frau von 21 Jahren. Seit einigen Monaten ist sie verlobt mit *Georg*. Das Problem, dem sie sich gegenübersieht, ist ein Fluss, der zwischen ihr und ihrem Verlobten liegt. Aber es ist nicht etwa ein gewöhnlicher Fluss, sondern ein tiefer, weiter Fluss, voll von hungrigen Krokodilen.
>
> Rosi überlegt, wie sie den Fluss überqueren kann. Ihr fällt ein Bekannter ein, der ein Boot besitzt, *Siegfried*. Also

geht sie zu Siegfried und bittet ihn, sie überzusetzen. Er antwortet: »In Ordnung, ich bringe dich hinüber, wenn du die Nacht mit mir verbringst.« Schockiert über dieses Ansinnen wendet sie sich an eine andere Bekannte, *Friedericke*, und erzählt ihr ihre Geschichte. Friedericke antwortet: »Ich verstehe dein Problem, aber es ist dein Problem, nicht meines.« Also beschließt Rosi, zu Siegfried zu gehen und die Nacht mit ihm zu verbringen. Am Morgen bringt er sie über den Fluss.

Ihr Wiedersehen mit Georg ist herzlich, jedoch am Abend vor der Hochzeit fühlt sie sich gezwungen, Georg zu sagen, wie es ihr gelang, den Fluss zu überqueren. Darauf antwortet ihr Georg: »Ich würde dich nicht heiraten, selbst wenn du die letzte Frau auf Erden wärst.« Nun am Ende ihrer Weisheit, wendet Rosi sich an *Daniel*. Daniel hört sich ihre Geschichte an und sagt: »Gut, Rosi, ich liebe dich zwar nicht … aber ich werde dich heiraten.«

Name	**Begründung**
1.	
2.	
3.	
4.	
5.	

In vier Kleingruppen sollten alle Teilnehmer des Seminars ihre Platzierung begründen und sich auf eine Reihenfolge einigen, anschließend wurde ein Gesamtgruppenwert aus allen vier Gruppen errechnet. Das Ergebnis war folgendes:

Rosi und Daniel (gleiche Punktzahl)
Friedericke
Georg
Siegfried

Das Interessante an der Auswertung war: Obwohl die Runde aus einer relativ homogenen Gruppe bestand (15 Teilnehmer, alle hatten mit Flüchtlingen zu tun, viele waren Akademiker im Alter zwischen vierzig und sechzig), hatten wir die Personen unterschiedlich bewertet. Rosi landete zwar bei fast allen auf den vorderen Rängen, Siegfried auf dem letzten Platz. Doch dazwischen herrschte Uneinigkeit. Was war schlimmer? Friederickes Zurückweisung? Oder Georgs Fallenlassen seiner Verlobten? Oder Daniels Direktheit? Auch interessant: Fast alle Teilnehmer verziehen Rosi ihr Fremdgehen. Obwohl Treue in unserer Gesellschaft eigentlich ein zentraler Wert ist, ist Untreue offenbar für viele legitim, wenn sie einen bestimmten Nutzen erfüllt. Gibt man den Text allerdings anderen Gruppen zu lesen, beispielsweise muslimischen männlichen Jugendlichen, landet Rosi eher auf den hinteren Rängen (so zumindest die Erfahrung des Seminarleiters).

Die Übung zeigt: Auch innerhalb einer Gesellschaft bewerten Menschen Dinge, Personen oder Handlungsweisen unterschiedlich. Jeder hat sein eigenes, von Herkunft, persönlichen Erfahrungen, Alter, etc. geprägtes Orientierungssystem. Wir müssen also nicht alle denselben Wertekanon haben, um gut zusammenleben zu können. Wohl aber müssen wir alle unsere Verfassung respektieren. In der amerikanischen Einwanderungsdebatte gibt es dafür das Bild der Salatschüssel, in der alle Zutaten im American Dressing schwimmen, aber nicht verschmelzen. Der »Melting Pot« gilt als überholt. Oder man nimmt das Bild vom Mosaik, einer Komposition aus Steinchen verschiedener Farben und Formen, zusammengehalten durch einen Zementuntergrund und einen Rahmen. Den Zement bilden die Grundwerte, die für alle verbindlich sind. Außerhalb dessen kann jeder seiner eigenen Religion anhängen (solange er sie nicht über den Staat stellt), seine eigenen Gerichte kochen (solange er damit nicht seine Nachbarn belästigt) oder seine eigenen Feiertage begehen (solange er sich dafür Urlaub nimmt).

Bruchreif – eine Entfremdung von Vater und Sohn

Ich habe mir lange Zeit keine Gedanken darüber gemacht, wie die Nachkommen von Einwanderern mit dem Wertekonflikt klarkommen: auf der einen Seite die oft sehr traditionellen Werte und die überwiegend kollektivistische Orientierung der Eltern, auf der anderen Seite die moderne, individualistische deutsche Gesellschaft. Das hat sich geändert, seitdem ich vor einiger Zeit einen Essay meines Kollegen Hakan Tanriverdi, 32, gelesen habe. In »Bruchreif« beschreibt der Sohn türkischer Einwanderer, wie er sich von seinem Vater entfremdet. Hier eine gekürzte Version:

»Ich wünschte, du hättest nur einen Hauptschulabschluss«, sagt mein Vater. Er klatscht mir diesen Satz ins Gesicht und holt tief Luft für den nächsten, aber seine Stimme versagt. Er versinkt ins Sofa, das Leder knarzt, sonst ist es still, er krallt seine Hände ineinander und spannt sie vor die Knie. Er kann mich nicht mehr anschauen, also presst er die Augenlider zu und versucht, die Tränen zu unterdrücken. »Passt schon!«, flüstert er sich zu und konzentriert sich auf seine Atmung, zieht die Luft langsam ein, pustet sie langsam wieder aus. »Passt schon!«, flüstert er ein zweites Mal, und ein zweites Mal entgleitet ihm seine Stimme. Da fängt er schließlich an zu weinen.

Ich habe Abitur. Nein, das muss ich präziser formulieren; ich habe mein Abitur nur, weil mein Vater ununterbrochen für mich gekämpft hat. Mit dem Geld, das er in all den Jahren für Nachhilfe ausgegeben hat, hätte er sich einen Kleinwagen kaufen können. Er hat es lieber in mich investiert. Er hat jeden Elternabend besucht, er ist in jede Sprechstunde von jedem einzelnen meiner Lehrer gegangen, einmal in jedem Halbjahr. Elf Jahre lang, auch dann noch, als ich zum zweiten Mal sitzengeblieben bin und ein Lehrer ihm mitgeteilt hat, dass Deutschland ja auch KFZ-Mechaniker brauche. Das sei sogar recht üblich für türkische Kinder, wie der Lehrer meinte.

Mein Vater schüttelte den Kopf, als er mir das damals erzählte. Lehrer müssten doch darum bemüht sein, ihre Schüler zu unterstützen und sie zu motivieren, oder nicht? Dass sein Sohn mit dem Hauptschulabschluss zufrieden sein solle, wo er es doch schon auf das Gymnasium geschafft hat, das als gut gemeinten Tipp zu hören, hat ihn getroffen. Ich dürfe auf keinen Fall ein »einfacher Arbeiter« werden, »ich bin nach Deutschland gekommen, damit du es besser hast als ich«, war seine Begründung. Arbeitsschichten bis Mitternacht, Vorgesetzte, deren Sätze in Ausrufezeichen enden, kämen nicht infrage für mich. Um das sicherzustellen, brauchte ich dieses Abitur. »Wenn du dich später für einen Job bewirbst, musst du besser sein als die Deutschen«, hat er zu mir gesagt, direkt nachdem der Lehrer diesen Satz in ihn gedrückt hat, »denn wenn du genauso gut bist, dann kann ja auch der Deutsche den Job haben. Wenn du besser bist, können sie dich nicht benachteiligen.« Also ja, ich habe Abitur. Aber das hätte ich niemals ohne meinen Vater.

Und jetzt sitzt mein Vater vor mir, weint und wünscht mir einen Hauptschulabschluss. Ich frage mich, wo denn genau das Problem ist?

Ich wusste, dass mein Vater unzufrieden war. Wenn ich an Wochenenden um 5 Uhr morgens aus dem Club nach Hause kam und er bereits auf den Beinen war, weil um 5 Uhr Zeit ist für das Morgengebet, da schaute er mich an, als hätte ich einen Kleinwagen zu Schrott gefahren. Den Sonntagmorgen würde ich verschlafen …

Ich wusste nicht, dass sich diese Unzufriedenheit in meinen Vater eingenistet und sich erst in Verbitterung und von dort aus in Depression gewandelt hat. Ich habe es einfach nicht gemerkt. Während er im Wohnzimmer saß, schlief und weinte, war ich studieren, reisen, nebenjobben, feiern, flanieren. Im Wohnzimmer war ich selten, in der Moschee ebenso wenig …

Als ich ausgezogen bin, war das für meinen Vater eine Ansage. Ich habe eine Entscheidung getroffen, mich gegen die Tradition gestellt; eine weitere Eigenart dieses Landes hier angenommen, in dem es anscheinend kein Problem ist, unverheiratet in eine WG mit anderen, ebenfalls unverheirateten Menschen zu ziehen. Auch wenn mein Vater es heute zähneknirschend akzeptiert, ist dadurch ein weiterer Bruch zwischen uns entstanden. Ich entscheide mich in diesem Land, in dem er sich fremd fühlt, gegen ihn. In seinen Augen lasse ich ihn allein mit seinen Problemen …

Vor ein paar Wochen hat er mir einen Zettel in die Hand gedrückt, ich sollte einkaufen gehen. Im Supermarkt habe ich mir die Liste angeschaut. Gurken, Tomaten, Zahnpasta stand auf ihr und, ganz unten, »Spätzi«. Er meinte Spezi, den Cola-Fanta-Mix. Zu Hause angekommen, habe ich ihm gesagt, wie man das richtig schreibt. Er hat mich angestarrt, zwei Sekunden, dann hat er gelacht. Er hat sich geschämt dafür, dass er die Sprache nicht kann. Jeder Brief, den ich schreibe, erinnert ihn daran, dass das eigentlich seine Aufgabe wäre. Auch auf dieser Ebene sind mein Vater (und einige seiner Freunde) angewiesen auf ihre Kinder. Wir regeln ihren Alltag …

Aber ich bin nun mal nicht verheiratet. Das bedeutet, mein Vater kann kein typisch türkischer Vater sein. Auf jeder Hochzeit, bei jedem Moscheebesuch, bei jeder Reise in die Türkei, immer muss er den gleichen Smalltalk führen. »Na, was macht dein Sohn?«, »Sollte er mal nicht langsam heiraten?«, »Findet er keine Frau?«. Ich zwinge ihn in eine Rolle außerhalb der Tradition, in eine Rolle, in der er sich absolut unwohl fühlt. All diese Smalltalks üben Druck aus auf ihn, machen ihn sauer. Und diesen Druck gibt er unkanalisiert an mich weiter. Er will doch nur, dass ich auch endlich, endlich, verdammtnochmal heirate und es bei ihm so normal abläuft, wie bei anderen Türken in Deutschland auch …*

Nach der Lektüre dieses Textes konnte ich sowohl den Vater als auch den Sohn sehr gut verstehen. Und ich konnte den Schmerz spüren, den die Entfremdung beiden bereitete. Den Text habe ich seitdem im Hinterkopf, wenn wieder irgendwer fordert, die Flüchtlinge müssten sich voll und ganz an uns anpassen. Wie leicht ist es doch, so etwas zu fordern, wenn man selbst nie einen solchen Konflikt zu Hause austragen und verschmerzen musste.

---

* Der vollständige Text ist zu finden auf *kleinerdrei.org/2014/10/bruchreif/*.

Because it's 2017 – zehn Vorschläge zur besseren Integration

Wie können wir die Integration der vielen Neuankömmlinge in unsere Gesellschaft beschleunigen? Wie immer sind wir natürlich mal wieder nicht die Ersten, die sich darüber den Kopf zerbrechen. Geschichte, siehe oben, wiederholt sich. 1753 war es Benjamin Franklin, einer der Gründungsväter der Vereinigten Staaten, der nach einer Lösung suchte, um die vielen deutschen Einwanderer zu anglisieren. Laut Franklin gehörten sie »für gewöhnlich zu den Ungebildetsten und Dümmsten ihrer eigenen Nation«. Ein Freund unterbreitete Franklin damals Vorschläge, um eine Überfremdung der englischen Kolonie zu vermeiden. Franklin erwiderte: »Den sechsten Vorschlag, Mischehen zwischen den Angloamerikanern und den Deutschen mittels Geldspenden zu fördern, halte ich entweder für zu teuer oder ohne Aussicht auf Erfolg. Die deutschen Frauen sind im Allgemeinen so wenig anziehend für einen Engländer, dass es enorme Mitgift erfordern würde, Engländer anzuregen, sie zu heiraten …«

264 Jahre später, because it's 2017, zehn zeitgemäßere Vorschläge (kurz nach seiner Wahl zum kanadischen Premier beantwortete Justin Trudeau die Frage einer Journalistin, warum er sein Kabinett aus 15 Frauen und 15 Männern gebildet habe, mit dem legendären Satz: »Because it's 2015.«):

1. Kontakt, nicht Unterricht

In ihrem Geleitwort zur Studie »Ankommen in der deutschen Lebenswelt« schreibt die frühere Bundestagspräsidentin Rita Süssmuth: »Mit Neugier und Lachen entdecken Kinder die Welt. Niemand zwingt sie, sprechen zu lernen; sie tun dies aus eigenem Antrieb. Über die Vorbilder ihrer Großeltern, Eltern, Geschwister und Erzieher lernen sie, welche Verhaltensweisen für den Zusammenhalt von Familie und Gemeinschaft wichtig sind und von ihnen erwartet werden. Dieses Hineinwachsen in Wertvorstellungen, in die Normen einer Gesellschaft, nennt die Wissenschaft Enkulturation.« Dasselbe gilt für Erwachsene. Allein durch Integrationsseminare lässt sich unsere Kultur nicht vermitteln. Neuankömmlinge müssen unsere Werte, Bräuche, Regeln wie kleine Kinder erleben. Sie müssen sie mit allen Sinnen und im Kontakt mit Deutschen fühlen, hören, sehen. Deshalb ist ein schneller Arbeitsbeginn (egal ob Praktikum, Minijob oder Vollzeitstelle) so entscheidend, deshalb ist gemeinsames Wohnen mit Deutschen so wichtig, deshalb sind Paten so unerlässlich, deshalb sind Vereine so gefordert und Schulen sowieso.

2. Die eigene Kultur selbstbewusst vertreten

Der deutsch-iranische Schriftsteller Navid Kermani schreibt in seinem Buch *Wer ist Wir? Deutschland und seine Muslime*: »Gelernt habe ich …, dass Integration dort gelingt, wo die heimische – auf der Schule meiner Tochter – katholische und kölsche Kultur nicht schamhaft in den Hintergrund gerückt, sondern gepflegt und selbstbewusst vertreten wird. Aus Furcht vor den Reaktionen muslimischer Eltern nicht mehr Advent zu feiern, wie es in manchen Kindergärten oder Schulen geschieht, ist mit Sicherheit das falsche Signal. Es geht nicht darum, sich selbst zu verleugnen, sondern den anderen zu achten.«

Nur wenn wir unsere Kultur selbst respektieren, können wir dafür Respekt von anderen erwarten.

3. Mehr Vorbilder in Gesellschaft und Staat

Die traurige Wahrheit liegt irgendwo zwischen 8 und 15 Prozent, genaue Zahlen gibt es nicht. Menschen mit Einwanderungsgeschichte sind in der Bundesverwaltung noch immer deutlich unterrepräsentiert, obwohl ihr Gesamtanteil an der Bevölkerung bei 21 Prozent liegt.
Auch bei den Parteien besteht Nachholbedarf. Im Bundestag haben nur etwa fünf Prozent der Abgeordneten eine Einwanderungsgeschichte. Ähnlich gering sind die Prozentzahlen bei den Lehrern. Auch in der Redaktion der *Süddeutschen Zeitung* sind Journalisten mit Migrationshintergrund noch rar.
Was Deutschland jetzt braucht, sind neue Vorbilder und Förderprogramme für Einwanderer und ihre Nachkommen, in allen Entscheidungszentren unserer Gesellschaft – das heißt in Staat (Politik, Verwaltung und Justiz), Wirtschaft, Kultur und Medien. Die Frauenbewegung hat seit Anfang der Siebzigerjahre gezeigt: Wechsel dieser Art sind kein Selbstläufer, denn Eliten reproduzieren sich gern über soziokulturelle Ähnlichkeiten. Veränderungen müssen deshalb hart erkämpft werden.

4. Neues Staatsziel

Ein neues Staatsziel sollte den Willen zu einer solchen Veränderung unterstreichen. 2002 wurde zuletzt der Tierschutz als Staatsziel verankert. Ein Impulspapier von mehr als fünfzig bundesweit aktiven Migrantenorganisationen fordert, es sei Zeit für ein weiteres Staatsziel: die Vielfalt. »Die Bundesrepublik

Deutschland ist ein vielfältiges Einwanderungsland. Sie fördert die gleichberechtigte Teilhabe, Chancengerechtigkeit und Integration aller Menschen.« Dadurch würden alle staatlichen Ebenen zur Umsetzung dieses Staatsziels verpflichtet.

5. Keine Zweiklassengesellschaft unter Flüchtlingen

Früher war hierzulande eine »Arbeiterklasse« ganz selbstverständlich. Heute will Deutschland alles sein, nur keine Zweiklassengesellschaft. Unter den Flüchtlingen schaffen wir aber gerade genau das: Amir aus Syrien darf in den Integrationskurs, sein Bettnachbar Hassan aus Afghanistan nicht. Bis zur Entscheidung ihres Asylantrags haben diese Flüchtlinge kein Anrecht auf einen Integrationskurs, müssen darauf hoffen, dass ein Ehrenamtlicher ihnen Deutsch beibringt oder sie in einer Kommune wohnen, die Extra-Deutschkurse für sie anbietet. Wer jetzt einwenden will, dass dann aber doch sicherlich noch mehr Flüchtlinge kommen, dem sei gesagt: Wegen eines Integrationskurses macht sich kein Flüchtling auf den Weg nach Deutschland. Und selbst wenn: Ein viel größeres Risiko gehen wir ein, wenn wir einen nicht unerheblichen Teil der Flüchtlinge (128 000 Asylanträge wurden 2016 zum Beispiel von Menschen aus Afghanistan gestellt; das Land zählt nicht zu den Top5-Ländern) erst mal rumsitzen lassen. Wir riskieren, dass sich vor allem junge Menschen radikalen Gruppierungen anschließen oder in die Kriminalität abgleiten. Versäumnisse am Anfang sind später nur schwer und kostenintensiv aufzuholen, das haben die Erfahrungen mit den Flüchtlingen der Neunzigerjahre gezeigt. Denn ein Großteil dieser Menschen wird trotz negativem Asylbescheid bleiben. Und falls die Flüchtlinge irgendwann, freiwillig oder nicht, doch zurückkehren in ihr Heimatland, wären Deutschkurse für alle Flüchtlinge dann wirklich eine verlorene Investition? Wären nicht gerade die Menschen mit Deutsch(land)kenntnissen ideale Geschäftspartner für die deutsche Wirtschaft?

6. Endlich passiert was! Keinen Sozialneid schüren

»Für uns war kein Geld da und auf einmal für die Flüchtlinge …« Politiker aller Parteien haben diesen Satz in den vergangenen zwei Jahren von ihren Wählern gehört, wenn auch Politiker der AfD, CDU und CSU sicherlich häufiger als die der Grünen. Und ja, er stimmt. Doch statt den Sozialneid weiter anzuheizen, sollte man seinen Wählern lieber klarmachen, dass sich durch die Krise, oder wie auch immer man es nun nennen mag, ein »window of opportunity«, ein Fenster der Möglichkeiten, geöffnet hat. Dringend notwendige Reformen, egal ob beim Wohnungsbau, in der Verwaltung oder beim BAMF, werden seitdem endlich angepackt. Dass von diesem Ruck nun alle profitieren, nicht nur die Flüchtlinge, dafür muss die Politik jetzt sorgen.

7. Kontakt zu Fremden in Ostdeutschland gezielt fördern

Auf den ersten Blick erscheint die Aufgabe unlösbar: Um Ängste vor Fremden abzubauen, ist das beste Mittel Kontakt zu ihnen. Den aber gibt es, siehe Geschichtsrückblick im ersten Teil dieses Kapitels, im Osten Deutschlands traditionell seltener als im Westen. Auch heute noch hat in Ostdeutschland nur jede zwanzigste Person eine Einwanderungsgeschichte, in Westdeutschland fast jede vierte. Es müssten also dringend Flüchtlinge in den Osten ziehen, die neue Wohnsitzauflage fördert dies auch –

nur fühlen sich Neuankömmlinge wegen der größeren Fremdenfeindlichkeit dort häufig so unwohl, dass sie, sobald sie können, erneut die Flucht ergreifen.
Dass man trotzdem etwas tun kann, um den Menschen im Osten die Angst vor Fremden zu nehmen, zeigt zum Beispiel die Stadt Pirna in Sachsen. Während sich andere Städte in der Region zierten, nahm Pirna viel mehr Flüchtlinge auf als eigentlich vorgesehen. Die Stadt brachte die Flüchtlinge dezentral in Wohnungen unter, unterstützte und vernetzte alle Akteure in der Flüchtlingsarbeit, schuf eine extra Stelle dafür und investierte in Sprachkurse, Aus- und Weiterbildung von Verwaltungsangestellten und Flüchtlingen. Um mehr Pirnas im Osten zu schaffen, sollten Kommunen, die sich besonders um Integration bemühen, auch besonders gefördert werden.

8. Den Wert von Integration vermitteln

Warum sollen oder müssen wir uns der großen, mühsamen Aufgabe der Integration von so vielen Menschen aus anderen Kulturkreisen überhaupt stellen? Weil wir unseren Reichtum auf der Armut anderer Nationen und Kontinente gebaut haben. Und weil Flüchtlinge und Migranten Ausdruck einer neuen Stufe der Globalisierung sind. Nur wer das versteht, wird den Neuen offen begegnen können. Und unsere Offenheit ist essentiell. Wer als Flüchtling den Eindruck hat, dass er nicht willkommen ist, wird sich eher nicht der Anstrengung der Integration unterziehen. Umgekehrt müssen natürlich auch die Geflüchteten ihren Willen zur Integration zeigen, um diese Offenheit zu fördern oder zu bewahren.

9. Weniger moralische Panik

Die Rede vom Untergang des Abendlandes ist fast so alt wie das Abendland selbst. Ein ebenso altes Muster unserer Kultur ist der Kampf von Orient gegen Okzident und die moralische Panik vor dem Islam. Sogenannte »Moral Panics« werden durch eine sensationsfokussierte (und im Fall des Islams häufig auch falsche) Berichterstattung geschürt. Kindesmissbrauch und Jugendkriminalität sind weitere Beispiele. Das hat zur Folge, dass die subjektiv wahrgenommene Gefahr das objektive Ausmaß an Gefahr bei Weitem übersteigt. In Dresden Angst zu haben vor einer Islamisierung ist in etwa so abwegig, wie in der Wüste das Ertrinken zu fürchten.

10. Mehr Stolz auf unser (Einwanderungs-)Land

Es genügt nicht, den Bürgern die Angst vor Zuwanderern zu nehmen. Demokratien müssen ihre Bürger stolz darauf machen, dass ihr Land ein begehrtes Einwanderungsland ist, in dem Menschen aus aller Welt gern leben möchten. Der kanadische Philosoph Charles Taylor, 84, beschrieb seine und die kanadische Sichtweise in einem Interview mit der *Zeit* so: »Die (kanadische) Bevölkerung ist in ihrer überwältigenden Mehrheit stolz auf dieses Gesellschaftsmodell, weil sie merkt, dass man den Anforderungen der Globalisierung durch die Vielfalt besser standhalten kann. Die ganze Welt lebt im eigenen Land, aber jeder Einzelne als moderner Staatsbürger … Wenn man … Institutionen hervorbringt wie das kanadische Parlament oder die kanadischen Universitäten, in denen erkennbar die ganze Welt mit Erfolg zusammenarbeitet, wirkt diese Erfahrung anziehend. Sie strahlt aus. Sie macht stolz. Wer Zuwanderer mit der Angst betrachtet, dass sie ›uns‹

ändern werden, übersieht, dass die Neuankömmlinge doch bald ebenso stolz darauf sein wollen, freie kanadische oder auch deutsche Bürger zu sein, deren Kinder in Freiheit aufwachsen.«

SCHLUSS

Ja, es gab Momente, in denen ich mich gefragt habe: Wozu das alles? Ich arbeite Vollzeit, habe zwei kleine Kinder, Zeit ist in meinem Leben das knappste Gut. Doch die Momente sind seltener geworden. Wie in einer langjährigen Beziehung, wie im Job und überhaupt im Leben ist es auch mit meinem Engagement: Auf Ärger und Frust folgen auch wieder sehr schöne Momente, gemeinsame Ausflüge in den Zoo oder an den Starnberger See, Kino-, Zirkus- oder Schwimmbadbesuche mit den Kindern, irakische Geburtstagsfeiern mit Bergen von leckerem Essen oder sehr persönliche Gespräche von Frau zu Frau. Außerdem: Was wäre die Alternative? Nadjas und Hazals Familien aufgeben? Die Integration Staat und Politik überlassen? Anfang 2016 begründete Carl-August Heinz, Unternehmenschef der Glasfabrik in Kleintettau, seine Entscheidung, 75 Flüchtlinge anzustellen, in der lokalen Presse so: »Es wäre vermessen, sich darauf auszuruhen, dass Politik, Hilfsorganisationen und ›die anderen‹ die Aufgabe der Flüchtlingsintegration schon übernehmen werden.« Ein sehr wahrer Satz. Ein Satz, den sich alle zu Herzen nehmen sollten. Erst recht all jene, die von sich sagen, sie seien Christen und wollten die christlichen Werte verteidigen. Horst Köhler, unser ehemaliger Bundespräsident, hat dazu die beiden schönen Sätze gesagt: »Die christlichen Wurzeln sind nicht nur Folklore, sondern Anspruch an uns selbst … Die christlichen Werte können nicht dadurch verteidigt werden, dass man sie mit den Füßen tritt.« Auch deshalb würde ich es nicht übers Herz bringen, Nadja, Hazal und ihren Familien nicht mehr zu helfen.

Und wir haben nach drei Jahren doch auch schon eine ganze Menge erreicht: Immerhin vier der fünf Kinder gehen in den Kindergarten oder die Schule und lernen dort rasend schnell Deutsch. Hazals Tochter Rosin geht jetzt in die Grundschule, eine Ganztagsschule. Neulich hielt sie mir freudestrahlend einen gelben Zettel vor die Nase, auf dem stand: »Ihre Tochter Rosin hat diese Woche jeden Morgen daran gedacht, das Thermometer abzulesen. Freuen Sie sich mit uns.« Rosin platzte fast vor Stolz. Nadja und Hazal haben inzwischen E-Mail-Adressen und können Anhänge verschicken. Und beide haben im vergangenen Sommer in einem Kurs Fahrradfahren gelernt. Der Förderverein des Patenprojekts hat dafür die Kosten übernommen. Auch die für Lanas Schwimmkurs. Nadjas älteste Tochter liebt Wasser über alles. Nadja hat genau sechs Jahre und zehn Monate nach ihrer Flucht endlich einen Integrationskurs begonnen und mir bei einem unserer letzten Treffen anvertraut, sie und Jusuf wollten jetzt erst mal keine weiteren Kinder. Um den Druck aus der Heimat abzufangen (mehr Kinder! Mehr Jungs!), hätten sie ihren Familien erzählt, der Arzt habe gesagt, Nadja dürfe vorerst keine Kinder mehr bekommen. Ich habe innerlich gejubelt. Ich hoffe, dass Nadja und Jusuf jetzt endlich mal Zeit zum Deutschlernen haben. Und dann auch einen richtigen Job finden. Und Hazal, sie hat mir erst vor Kurzem eine Whatsapp geschrieben: »Kannst bitte lesen, ob sie richtig ausgefüllt ist?« Angehängt war das Formular zur Anmeldung für den Mittelschulabschluss.

Es geht also voran, nur eben nicht so schnell wie anfangs gedacht. Ich habe gelernt: Geduld (eine Eigenschaft, die nicht zu meinen Stärken zählt) ist bei der Flüchtlingsarbeit, egal ob für Haupt- oder Ehrenamtliche, essentiell. Ebenso wie das genaue Zuhören. Letzteres hat mir seit der Supervision einiges an Arbeit und vermutlich Frust erspart. Und ich weiß inzwischen: Statt einen Flüchtling oder eine Flüchtlingsfamilie allein zu betreuen, ist es sinnvoller, ein Netzwerk um sie herum aufzubauen, andere Menschen, etwa die Nachbarn oder weitere Helfer, mit einzubinden. Das reduziert Abhängigkeiten und Verantwortung und verschafft den Neuankömmlingen zugleich Kontakt zu Deutschen oder schon länger hier lebenden Migranten.

Sehr geholfen haben mir auch die interkulturellen Seminare. Ich kann aus einem »Ja« inzwischen (zumindest manchmal) auch ein »Nein« heraushören. Perspektivwechsel fallen mir leichter, und ich habe jetzt zumindest eine Idee davon, was es bedeutet, nicht nur seine Heimat, sondern auch seine gewohnte Rolle zu verlassen.

Andere Ratschläge, die Flüchtlingshelfer immer wieder zu hören bekommen, waren für mich dagegen weniger hilfreich, etwa die Aufforderung, Flüchtlingen auf Augenhöhe zu begegnen. Weder zu Nadja noch zu Hazal habe ich eine Beziehung auf Augenhöhe, zumindest empfinde ich es nicht so. Eher bin ich Mentorin, Nadja und Hazal meine Mentees. Würde ich in den Irak flüchten, wäre die Situation genau andersrum. Vielleicht ist Augenhöhe auch das falsche Wort. Ersetzt man es durch Respekt, ergibt das für mich mehr Sinn.

Auch der Appell an Paten, nicht alle Aufgaben für ihre Schützlinge zu übernehmen (sie also gerade nicht zu sehr zu beschützen), sondern sie zur Selbstständigkeit zu »erziehen«, ist zwar im Grunde richtig, doch in der Lebensrealität oft nicht leicht umzusetzen. Zwar sage ich Nadja immer, sie soll zum Beispiel Kündigungen erst mal selbst schreiben, ich schicke sie ihr dann korrigiert zurück. Doch oft klaffen zwischen vorhandenem und benötigtem Können so große Lücken (beim

Ausfüllen vieler Formulare muss selbst ich mich sehr konzentrieren), dass es gar keinen Sinn macht, sie erst mal allein machen zu lassen. Genauso gut könnte ich meinen dreijährigen Sohn bitten, mir ein Buch vorzulesen. Apropos dreijähriger Sohn: Auch ich habe von Nadja und Hazal gelernt. Zum Beispiel, dass Kinder problemlos mit eineinhalb trocken sein können, nicht erst mit drei. Oder dass es nicht selbstverständlich ist, seine Familie jederzeit besuchen zu können.

Trotz aller Rückwärtsschritte und Schwierigkeiten bin ich, wie übrigens die überwältigende Mehrheit der Menschen, mit denen ich für dieses Buch gesprochen habe, immer noch überzeugt: Ja, wir schaffen das. Wenn nicht wir, wer dann? Im Herbst 2015 versank die deutsche Regierung, der ganze Staatsapparat zwar kurzfristig im Chaos. Die augenscheinliche Überforderung kostete viel Vertrauen in der Bevölkerung. Doch der Anfangsschock setzte auch neue Kräfte frei – sowohl in der Bevölkerung, die mit unglaublichem Engagement einsprang, als auch, etwas verspätet, bei Staat, Ländern und Kommunen. Die Krise hat die kommunale Selbstverwaltung gestärkt und bis auf ein paar unschöne Ausnahmen gezeigt, wozu unsere Behörden im Notfall fähig sind. Als die Pariser Bürgermeisterin für Soziales Mitte 2016 in München zu Besuch war, wunderte sie sich zum Beispiel darüber, dass sie keine Zelte in der Stadt sah. In Paris, so die Bürgermeisterin, lebten viele Flüchtlinge in Zelten.

Natürlich läuft noch nicht alles perfekt, es gibt noch viel zu verbessern, aber gut ein Jahr nach der großen Flüchtlingswelle muss man auch anerkennen: In den Schulen, beim Wohnungsbau, bei der Betreuung und Koordinierung der ehrenamtlichen Helfer oder in den Ausbildungsbetrieben läuft schon ziemlich viel ziemlich gut. Ich kenne übrigens auch keinen einzigen ehrenamtlichen Flüchtlingshelfer, der sein Engagement wegen der Terroranschläge eingestellt hat. Im Gegenteil.

Die Flüchtlingskrise hat allerdings nicht nur die Stärken Deutschlands zum Vorschein gebracht, sondern auch die Schwächen offenbart: alte rassistische Klischees vom arabischen Mann, Ängstlichkeit, eine Verrohung der Sprache, Fremdenhass und Gewalt. Zusammen mit dem islamistischen Terrorismus haben die Flüchtlinge den Westen in die schwerste Krise seit Langem gestürzt. Doch genau darin kann auch eine große Chance liegen. Der slowenische Philosoph Slavoj Žižek schreibt in seinem Buch *Der neue Klassenkampf*: »Jede Krise ... ist ein Glück im Unglück, eine Chance, die Grundfesten neu zu überdenken ... Eine schwierige Aufgabe, denn sie zwingt uns, ein großes Risiko einzugehen und uns ins Unbekannte vorzuwagen. Doch die einzige Alternative dazu ist der langsame Zerfall, die schleichende Transformation Europas in das, was Griechenland einst für das alte Römische Reich war: ein Reiseziel für nostalgische Kulturtouristen, ohne wirkliche Bedeutung.«

Anders gesagt: Die Flüchtlinge können ein Segen für unser Land sein, ein Motor der Veränderung, denn Stillstand bedeutet Rückschritt. Und das ist der erste Schritt ins Grab.

Wie viele Flüchtlinge in den nächsten Jahren noch kommen werden, weiß keiner. Sicher ist nur: Sie werden kommen. Denn wer ganze Kontinente von Wohlstand und sozialer Teilhabe ausschließt, braucht sich nicht zu wundern, wenn Menschen dorthin streben, wo es ihnen besser geht. Im Nahen Osten sind außerdem viele Diktaturen kollabiert, fast die gesamte Region befindet sich im Bürgerkrieg. Und der wird, so ist zu befürchten, anders als der Bürgerkrieg auf dem Balkan, nicht Jahre dauern, sondern eher Jahrzehnte.

Ruhigere Phasen an unseren Grenzen dürfen deshalb nicht drüber hinwegtäuschen: Die Ruhe ist erkauft, von zweifelhaften Machthabern wie dem türkischen Staatschef Recep Tayyip Erdoğan. Aus eigener Kraft können wir uns nicht mehr abschotten. Kein seriöser Politiker kann deshalb ernsthaft behaupten, man könne Obergrenzen einführen und vor allem: diese im Ernstfall auch durchsetzen. Die Debatte über Obergrenzen ist Populismus pur und an Schäbigkeit kaum zu übertreffen.

Was wir aber tun können: Wir können die Voraussetzungen für eine zügige Klärung, wer bleiben darf und wer nicht, sowie für eine schnelle Integration beziehungsweise konsequente Abschiebung von Gefährdern weiter optimieren und somit verhindern, dass ganze Viertel wie in Paris oder Brüssel zum IS-Nährboden werden. Jeder Bürger, egal ob »alter« oder »neuer« Deutscher, der dabei mithilft, ist ein Gewinn. Denn wer Kontakt zu Flüchtlingen hat, verliert die Angst. Und schnell auch viele Vorurteile. So wie Susannes Mutter. Kurz vor Weihnachten war die ältere Dame für ein paar Tage zu Besuch bei ihrer Tochter Susanne, der Helferin aus München, die einen jungen Afghanen bei sich aufgenommen hat. Im Jahr zuvor hatte die Oma neben den Geschenken für ihre vier Enkel auch ein Geschenk für Samir im Gepäck. Dieses Jahr nicht mehr. Warum? Vielleicht die geänderte Stimmung im Land, vielleicht eine Äußerung von Samir, dass seine zukünftige Frau Jungfrau sein solle. Doch nachdem die Oma drei Tage mit Samir unter einem Dach verbracht hatte, plagte sie bei der Abreise das schlechte Gewissen. »Kannst du Samir bitte doch noch ein Weihnachtsgeschenk von mir kaufen?«, fragte sie ihre Tochter und drückte ihr einen Zwanzig-Euro-Schein in die Hand.

Natürlich können wir auch in Zukunft nicht alle Flüchtlinge bei uns aufnehmen. Aber dafür brauchen wir keine Obergrenze, sondern intelligente, so gut wie möglich vorausschauende Politik. Außerdem muss uns in Zeiten der medialen Dauerpräsenz des Flüchtlingsthemas, in denen ein Tweet ausreicht, um einen Flächenbrand zu entfachen, bewusst sein: Die Flüchtlingswelle 2015/16 hat gerade mal zu einer Zunahme der deutschen Bevölkerung um etwa ein Prozent geführt. Ein Prozent! Und jeder, dem sich irgendwann mal der Gedanke »Die Flüchtlinge machen Deutschland arm« in den Kopf schleicht, sollte wissen: Bis 2020 rechnet das Bundesfinanzministerium wegen der Flüchtlinge mit Mehrausgaben der öffentlichen Haushalte von jährlich etwa einem halben Prozent des Bruttoinlandsprodukts. Umgerechnet sind das zwei Prozent der Gesamtausgaben von Bund, Ländern und Gemeinden. Jene Wirtschaftsflüchtlinge, die dem Land den Rücken kehren, um Schwarzgeld in Steueroasen anzulegen, oder jene internationalen Konzerne, die dem Staat jährlich Einnahmen in zweistelliger Milliardenhöhe vorenthalten, machen Deutschland um einiges ärmer.

Unbestritten ist: Erst einmal stellen die Flüchtlinge unser Sozialsystem auf eine Bewährungsprobe, verzeichnet die Polizei in manchen Gegenden mehr Laden- und Taschendiebstähle, konkurrieren Flüchtlinge um Wohnungen und Jobs. Doch die Geschichte zeigt: Wenn Zielländer nicht allzu grobe Fehler bei der Aufnahme machen und Interesse an den Flüchtlingen zeigen, profitieren sie von den Neuankömmlingen – auf lange Sicht. Statt sie als Eindringlinge in unsere heile Welt zu betrachten, sollten wir anfangen, die Flüchtlinge als Boten eines neuen Zeitalters zu sehen.

Wie es mit Nadja, Hazal und ihren Familien weitergeht? Keine Ahnung. Sicher weiß ich nur, dass ich beide Familien noch ein gutes Stück auf ihrem Weg begleiten werde. Ich tue das nicht nur für sie, sondern auch für mich. Weil diese Erfahrungen, egal ob positive oder negative, mein Leben bereichern. Weil sie mir erlauben, meine eigenen kleinen Probleme zu relativieren. Vor allem aber: weil es zur Integration der Flüchtlinge schlicht keine Alternative gibt. Und weil schlimmer als jammern nur ist: jammern und nichts dagegen tun.

DANK

Auf diesem Buch steht nur mein Name, dabei gab es so viele Menschen, die direkt oder indirekt daran mitgewirkt haben.

Direkt war es vor allem meine Freundin Annabel, die mir bei Konzeption und Textarbeit von Anfang an zur Seite stand. Vielen Dank für alles! Mein Dank geht auch an Verena, die mich überhaupt erst auf die Idee brachte, dieses Buch zu schreiben; an Vera, die mich zuvor überzeugt hatte, den Essay »Gute Menschen« zu veröffentlichen; an alle Menschen, die ich für dieses Buch interviewt habe; und natürlich an Daniel, meinen Agenten, Stefan, meinen Lektor, der dem Buch den letzten Feinschliff gab und mich in den vergangenen Monaten so gut begleitet hat, sowie das Verlagsteam von Pantheon.

Indirekt war es vor allem Lukas, der tollste Mann der Welt, der einen großen Beitrag zu diesem Buch geleistet hat. Mehrere Monate hat er ohne zu meckern (zumindest meistens) zurückgesteckt. Sein Kinderhüten-Konto ist inzwischen mit Pluspunkten prall gefüllt. Vielen Dank auch an beide Omas für ihren unermüdlichen Einsatz; an Jonathan, der oft neben mir am Schreibtisch saß und auch »gearbeitet« hat, und an Leander, der bei vielen Interviews und Seminaren dabei war, ohne zu quengeln. Ein besonderer Dank zum Schluss geht an meine Eltern und Jan, meinen Bruder, die jedes Kapitel gelesen und so wohlwollend kommentiert haben, wie das wohl nur Eltern und Brüder können. Und natürlich danke ich Nadja und Hazal. Ohne sie gäbe es dieses Buch nicht.

ANHANG

Glossar

Anhörung: Zur Prüfung des Asylantrags wird der Bewerber in der Regel persönlich von einem Entscheider des BAMF angehört – immer mithilfe eines Dolmetschers. Der Asylbewerber muss dabei selbst die Tatsachen vortragen, die seine Furcht vor Verfolgung begründen, und weitere Angaben machen, zum Beispiel über seinen Reiseweg.

Ankunftszentren: In den deutschlandweit 24 Zentren werden alle für das Asylverfahren erforderlichen Schritte durchgeführt: die ärztliche Untersuchung, die Erfassung der persönlichen Daten plus Identitätsprüfung, die Antragsstellung, Anhörung und Entscheidung über den Asylantrag durch das BAMF sowie eine Erstberatung zum Arbeitsmarktzugang durch die örtliche Arbeitsagentur.

Arten des Schutzes: *Asylberechtigt* und demnach politisch verfolgt sind Menschen, die im Falle der Rückkehr in ihr Herkunftsland einer schwerwiegenden Menschenrechtsverletzung ausgesetzt sein werden, aufgrund ihrer Rasse, Religion, Nationalität, politischen Überzeugung oder Zugehörigkeit zu einer bestimmten sozialen Gruppe, ohne eine Fluchtalternative innerhalb des Herkunftslandes oder anderweitigen Schutz vor Verfolgung zu haben.

Der *Flüchtlingsschutz* ermöglicht die Aufnahme von Schutzsuchenden aus humanitären Gründen. Auf Basis der Genfer

Flüchtlingskonvention gelten Menschen als Flüchtlinge, die aus begründeter Furcht vor Verfolgung (wegen ihrer Rasse, Religion, Nationalität, politischen Überzeugung oder Zugehörigkeit zu einer bestimmten sozialen Gruppe) von staatlichen oder nichtstaatlichen Akteuren ihr Herkunftsland verlassen haben und dessen Schutz nicht in Anspruch nehmen können oder, aufgrund der begründeten Furcht, nicht in Anspruch nehmen wollen.

Der *subsidiäre Schutz* greift, wenn weder Flüchtlingsschutz noch Asylberechtigung gewährt werden können, aber im Herkunftsland ernsthafter Schaden droht, etwa Folter, Todesstrafe oder sonstige unmenschliche Behandlung, und die Menschen den Schutz ihres Herkunftslands nicht in Anspruch nehmen können oder wegen der Bedrohung nicht in Anspruch nehmen wollen. Ein ernsthafter Schaden kann sowohl von staatlichen als auch von nichtstaatlichen Akteuren ausgehen.

Asylverfahren

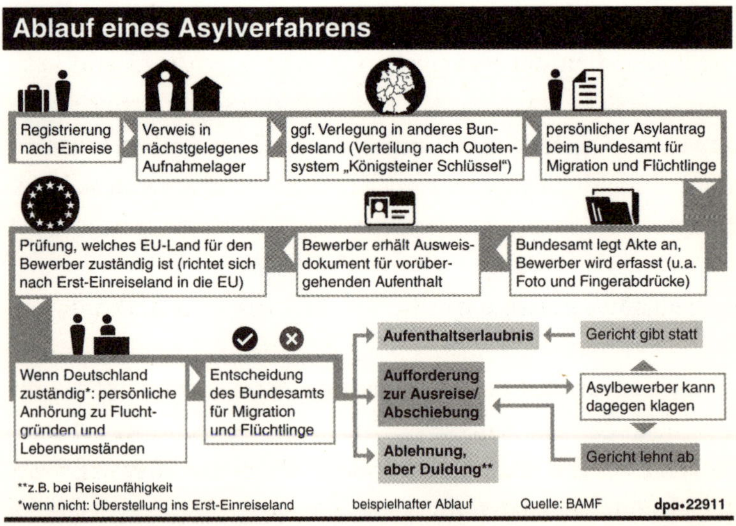

Asylbewerberleistungsgesetz: Das Gesetz regelt die Leistungsansprüche von noch nicht anerkannten Asylsuchenden und Flüchtlingen. Sobald die Asylbewerber die Erstaufnahmeeinrichtung verlassen, bekommen sie Leistungen nach dem AsylbLG (etwa 350 Euro, ein Teil davon oft auch als Sachleistungen, plus Unterkunft). Sozialhilfe erhalten Flüchtlinge erst nach 15 Monaten.

Dubliner Übereinkommen: Demnach ist der EU-Staat für die Durchführung des Asylverfahrens zuständig, über den der Antragssteller zuerst nach Europa eingereist ist oder der ihm ein Visum erteilt hat. Dies gilt ebenfalls bei der Einreise über die nicht zur EU gehörenden Staaten Norwegen, Island, Schweiz und Liechtenstein.

EASY: Mit diesem Computersystem werden die Asylbewerber auf die einzelnen Bundesländer verteilt. Die quotengerechte Verteilung erfolgt unter Anwendung des sogenannten *Königsteiner Schlüssels.* Das Programm berücksichtigt aber auch das Herkunftsland des Asylbewerbers. Er wird einer Unterkunft zugewiesen, in der Anträge aus seinem Herkunftsland bearbeitet werden. Das bedeutet: Die Zuständigkeit der jeweiligen BAMF-Außenstelle hat starken Einfluss darauf, ob in einer Region viele Flüchtlinge aus beispielsweise Afghanistan oder Syrien wohnen.

Erstaufnahmeeinrichtung: Sie ist die erste Unterkunft für Flüchtlinge und Asylsuchende. Mithilfe des EASY-Computersystems werden die Asylbewerber bundesweit auf die Erstaufnahmeeinrichtungen verteilt. Jeder Einrichtung ist eine Außenstelle des BAMF zugeordnet. Nach der Registrierung, der Gesundheitsuntersuchung und der Aufnahme des Asylantrags werden die Asylbewerber auf andere Folgeunterkünfte verteilt. Dort bleiben sie in der Regel bis zum Abschluss des Asylverfahrens.

Familiennachzug: Asylberechtigte, denen die Flüchtlingseigenschaft oder subsidiärer Schutz zuerkannt worden ist, haben das Recht auf privilegierten Familiennachzug. Das bedeutet, dass kein Nachweis der Lebensunterhaltssicherung und ausreichenden Wohnraums als Voraussetzung für die Einreise der Familienangehörigen notwendig ist. Dies gilt für den Nachzug der Ehegattin beziehungsweise des Ehegatten und der minderjährigen ledigen Kinder. Für subsidiär Schutzberechtigte, deren Aufenthaltserlaubnis nach dem 17. März 2016 erteilt worden ist, gilt allerdings eine Übergangsfrist von zwei Jahren. In dieser Zeit kann kein Familiennachzug erfolgen.

Integrationsgesetz: Das Gesetz, eine Reaktion auf die Flüchtlingswelle ab 2015, in Kraft getreten im August 2016, will fördern und fordern. Die wichtigsten Inhalte sind:

- Für anerkannte Flüchtlinge kann eine dreijährige Wohnsitzauflage erlassen werden.
- Flüchtlinge, die besonders gut integriert sind, können bereits nach drei Jahren eine unbefristete Niederlassungserlaubnis erhalten. Dazu müssen sie vorweisen, dass sie ihren Lebensunterhalt »weit überwiegend« selbst sichern und die C1-Sprachprüfung bestanden haben (siehe *Sprachniveaus*). Wer sich nach fünf Jahren um eine dauerhafte Niederlassungserlaubnis bewirbt, muss nur noch das niedrigere Sprachniveau A2 vorweisen und den Unterhalt »überwiegend« selbst bestimmen.
- Bei Flüchtlingen mit guter Bleibeperspektive verzichtet die

Bundesagentur für Arbeit in vielen Regionen drei Jahre lang auf die *Vorrangprüfung*.

- Die 3+2-Regelung sichert den Aufenthaltsstatus während und nach der Ausbildung.
- Sozialleistungen können gekürzt werden, wenn Flüchtlinge die Teilnahme am Integrationskurs verweigern.

Integrationsseminar: Anerkannte Flüchtlinge und Asylberechtigte haben einen Anspruch auf die Teilnahme an einem Integrationskurs. Verweigern sie die Teilnahme, können ihnen die Sozialleistungen gekürzt werden. Außerdem können Antragsteller mit guter Bleibeperspektive bereits vor der Entscheidung des BAMF über ihren Asylantrag am Integrationskurs teilnehmen. Der Kurs besteht aus einem Sprachkurs von sechshundert bis neunhundert Unterrichtseinheiten zu je 45 Minuten. Hinzu kommt ein Orientierungskurs mit sechzig Unterrichtseinheiten, der über das Leben in Deutschland, die Rechtsordnung, Kultur und die jüngere Geschichte informieren soll.

Königsteiner Schlüssel: Nach ihm wird festgelegt, wie viele Asylsuchende ein Bundesland aufnehmen muss. Dies richtet sich nach Steuereinnahmen (Zweidrittelanteil bei der Bewertung) und der Bevölkerungszahl (Eindrittelanteil bei der Bewertung). Die Quote wird jährlich neu ermittelt. 2016 hatte Nordrhein-Westfalen die höchste, Bremen die niedrigste Quote.

Sprachniveaus: Nach dem gemeinsamen europäischen Referenzrahmen werden Sprachkenntnisse in folgende Niveaus unterteilt:

A1: Kann vertraute, alltägliche Ausdrücke und ganz einfache Sätze verstehen und verwenden, die auf die Befriedigung konkreter Bedürfnisse zielen. Kann sich auf einfache Art verständigen, wenn die Gesprächspartner bereit sind, zu helfen.

A2: Kann Sätze und häufig gebrauchte Ausdrücke verstehen, etwa Informationen zur Person und zur Familie, beim Einkaufen oder in der Arbeit. Kann mit einfachen Mitteln zum Beispiel die eigene Herkunft und Ausbildung beschreiben.

B1: Kann die Hauptpunkte verstehen, wenn klare Standardsprache verwendet wird und wenn es um vertraute Dinge aus Arbeit, Schule, Freizeit usw. geht. Kann sich einfach und zusammenhängend über vertraute Themen und persönliche Interessengebiete äußern.

B2: Kann die Hauptinhalte komplexer Texte zu konkreten und abstrakten Themen verstehen, im eigenen Spezialgebiet auch Fachdiskussionen. Kann sich spontan und fließend verständigen, sodass ein normales Gespräch mit Muttersprachlern ohne größere Anstrengung gut möglich ist.

C1: Kann ein breites Spektrum anspruchsvoller, längerer Texte verstehen und auch implizite Bedeutungen erfassen. Kann sich spontan und fließend ausdrücken, ohne öfter deutlich erkennbar nach Worten suchen zu müssen.

C2: Kann praktisch alles, was er / sie liest oder hört, mühelos verstehen. Kann sich spontan, sehr flüssig und genau ausdrücken und auch bei komplexeren Sachverhalten feinere Bedeutungsnuancen deutlich machen.

Unterbringung: Nach der Erstunterbringung in einer Aufnahmeeinrichtung werden die Asylbewerber nach einer landesinternen Verteilungsquote den Stadt- und Landkreisen zugewiesen. Diese sind für die weitere, sogenannte vorläufige Unterbringung bis zum Abschluss des Asylverfahrens zuständig. Sie erfolgt in der Regel in Gemeinschaftsunterkünften. Nach positivem Abschluss des Asylverfahrens dürfen beziehungsweise müssen Flüchtlinge die Gemeinschaftsunterkünfte verlassen und in eine selbst angemietete Wohnung ziehen. Finden sie keine Wohnung, sind die Kommunen für die Anschlussunterbringung zuständig.

Vorrangprüfung: Bislang galt, dass Asylbewerber und geduldete Flüchtlinge nur dann einen Job annehmen durften, wenn kein inländischer Arbeitnehmer dafür zur Verfügung stand. Durch das Integrationsgesetz wird die Vorrangprüfung für drei Jahre ausgesetzt (in den meisten Regionen). Flüchtlinge sollen so leichter auf dem Arbeitsmarkt Fuß fassen können.

Nützliche Links

Auf *fluechtlinge-willkommen.de* können Privatpersonen freie Zimmer zum Beispiel in WGs melden. Die Webseite vermittelt dann einen zur Wohnsituation passenden Flüchtling und hilft bei der Suche nach Finanzierungsmöglichkeiten der Miete.

Im Münchner Patenprojekt »Aktiv für Wohnungslose« kann man sich für Familien und Alleinstehende engagieren, die von Wohnungslosigkeit bedroht oder betroffen sind – meistens handelt es sich um Flüchtlinge (*muenchen.de,* Stichwort Patenprojekt).

Gute Lernmethoden für Deutsch und Mathe finden sich auf *lernfoerderung.de*.

Einfache Mathe-Erklärungen, Kurse, Lernvideos, Übungen und Musterlösungen, mit denen jeder nach eigenem Bedarf und in eigenem Tempo lernen kann, gibt es auf *serlo.org*. Auch eine Alphabetisierungs-App hat die Seite im Angebot.

Deutscharbeitsblätter, Vorlagen für Lernspiele, etc. gibt es auf *graf-gutfreund.at*.

Die Aktion »zusammen wachsen« vermittelt Bildungspatenschaften *(aktion-zusammen-wachsen.de)*.

Das Goethe-Institut bietet für ehrenamtliche Deutschlehrer kostenlose Weiterbildungen an *(goethe.de/willkommen)*. Außerdem gibt es dort eine gute Übersicht über Sprachlern-Apps.

Workeer ist eine Ausbildungs- und Arbeitsplatzbörse, die sich speziell an Geflüchtete richtet *(workeer.de)*.

Die Bundesregierung fördert Projekte und Programme zur gesellschaftlichen Integration. Kommunen, lokale Netzwerke, Verbände und Vereine können sich bewerben unter *bamf.de*, Stichwort: Projektträger, außerdem unterstützt das BAMF bürgerschaftliches Engagement für, von und mit Migranten mit Schulungen, Stichwort: Multiplikatorenschulungen.

Die Bundesregierung fördert spezielle Integrationskurse für Frauen. Sie sollen Frauen dabei helfen, später andere Integrationsangebote zu besuchen (*bamf.de*, Stichwort: Integrationskurs für Frauen).

Junge Asylsuchende und Flüchtlinge erhalten über das Programm »Willkommen bei Freunden« besondere Unterstützung. Servicebüros helfen Kommunen dabei, junge Asylsuchende und Flüchtlinge in Kita und Schule zu integrieren und beim Übergang ins Berufsleben zu begleiten *(willkommen-bei-freunden.de)*.

Um zielgerichtet geflüchtete Menschen zu erreichen, erstellt das Journalistennetzwerk »Neue deutsche Medienmacher« mit *handbookgermany.de* ein zentrales Informationsportal für und mit geflüchteten Menschen.

Lösungen

Matheaufgabe (S. 114): Es sind 678 Seiten.

Zehn Schritte, um Textaufgaben leichter zu lösen:

1. Text einmal ganz durchlesen
2. Text ein zweites Mal lesen. Rechenfrage farblich markieren
3. Text ein drittes Mal lesen. Zahlen mit ihren Einheiten farblich markieren
4. Zahlen graphisch in Beziehung setzten, zum Beispiel in einer Tabelle
5. Übersetzen des Textes in die Sprache der Mathematik. Gleichung aufstellen
6. Bei mehreren Rechenschritten: wenn möglich Skizzen oder Baumdiagramme zeichnen
7. Überschlagsrechnung
8. Berechnung und Probe
9. Ergibt das Ergebnis Sinn?
10. Rückübersetzen in die Alltagssprache. Antwortsatz schreiben